AF470341

Le P. Louis Querbes

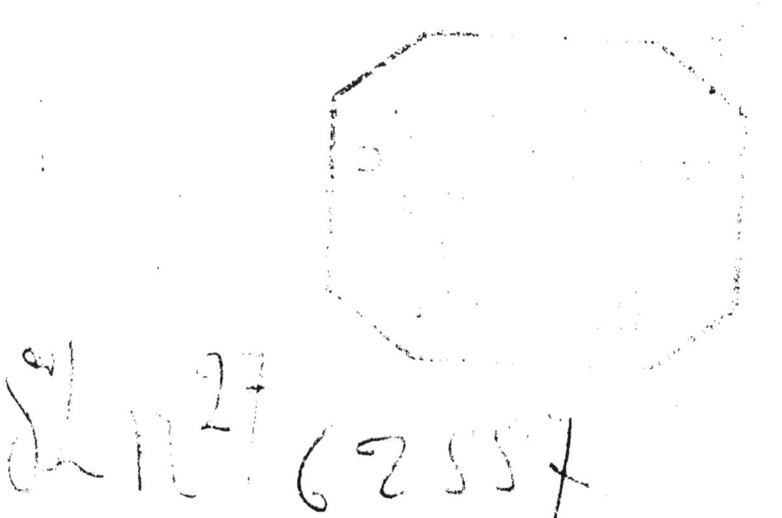

LE P. LOUIS QUERBES

Fondateur des Clercs de Saint-Viateur.

UN OUVRIER DE LA RESTAURATION RELIGIEUSE

LE

P. Louis Querbes

FONDATEUR

de l'Institut des Clercs de Saint-Viateur

(1793-1859)

*Laissez venir à moi
les petits enfants.*

(S. Marc. x. 14).

MAISON DE LA BONNE PRESSE

5 rue Bayard, Paris-8ᵉ

De licentia Superiorum Instituti.

Jette-Saint-Pierre, die 5ᵃ februarii 1928.

F.-M. ROBERGE, C. S. V.
Superior generalis.

Nihil obstat.

Parisiis, die 27ᵃ julii 1928.

J. ANDRÉ.

IMPRIMATUR

Mechliniae, die 7ᵃ februarii 1928.

† L. J. LEGRAIVE,
vic. gen.

Parisiis, die 30ᵃ julii 1928.

J. GASTON,
vic. gen.

DECLARATION

Conformément au décret d'Urbain VIII, nous déclarons qu'en employant les qualifications de *saint*, de *martyr*, de *confesseur*, nous n'avons fait que suivre la manière ordinaire reçue parmi les fidèles, sans vouloir prévenir le jugement officiel de l'Église, à qui seule appartient le droit de décerner ces titres dans leur sens véritable et complet.

INTRODUCTION

Après la période d'anarchie et de guerres qu'amena la Révolution, l'un des facteurs qui contribuèrent le plus efficacement au relèvement chrétien de la France fut la fondation de nombreux Instituts religieux sous la Restauration. Dans cette floraison se distingue le diocèse de Lyon qui, à lui seul, donna naissance à quatre Congrégations enseignantes d'hommes : et trois de leurs futurs fondateurs s'étaient rencontrés le même jour, avec J.-M. Vianney, qui devait être le saint curé d'Ars, participant aux ordinations du 23 juin 1815.

L'un d'eux, le plus jeune, était l'abbé L. Querbes, celui qui devait, quelques années plus tard, fonder l'Institut des Clercs de Saint-Viateur.

Le P. Querbes fut un de ces humbles dont les œuvres n'éclatent pas tout d'abord aux yeux des hommes. Simple curé de campagne, il n'avait primitivement rêvé que de venir en aide, par la formation de quelques maîtres chrétiens, à ses confrères dans le sacerdoce, desservants, comme lui, des plus humbles paroisses. Mais Dieu avait jeté sur lui un regard bienveillant de miséricordieuse tendresse, et son œuvre, née à l'ombre d'un modeste presbytère, se développa très rapidement. Munie, pour ainsi dire, avant que de naître, d'une approbation royale (1830), elle ne tarda pas à être encouragée par la reconnaissance épiscopale, et se vit honorée, moins de dix ans après sa naissance, faveur encore bien plus enviable, de la suprême approbation du Saint-Siège. Du vivant même de son fondateur, elle se répandit dans la plupart des provinces de France, et franchit aussi les mers pour aller fonder dans l'Amérique du Nord de nouveaux établissements vite prospères.

Le doigt de Dieu était là. Il avait d'abord enrichi le futur fondateur de cette œuvre des plus beaux dons de la nature et de la grâce. Dès ses plus jeunes années, Louis Querbes plaça bien haut son idéal de pureté et de perfection. Au cours de son adolescence il s'affermit dans ces premières résolutions tout en développant ses connaissances et ses talents. Il fut, au Séminaire de Lyon, l'émule et l'ami intime d'hommes éminents qui devaient jouer un grand rôle dans l'Église. C'est là que lui vint le désir de se consacrer plus entièrement à Dieu dans un Ordre religieux. Ce bonheur lui fut refusé ; mais Dieu qui le conduisait comme par la main, après lui avoir fait exercer, comme vicaire et curé, tous les genres d'apostolat du clergé séculier, lui permit de réaliser ses rêves de sacrifice et de zèle dans l'œuvre, peut-être la plus chère au Cœur de Jésus, l'œuvre de l'éducation ; il en fit le fondateur d'une Congrégation religieuse : l'Institut des Clercs de Saint-Viateur. Ainsi se réalisa l'idéal du P. Querbes. Son âme insatiable d'amour et de dévouement l'avait amené à ce point de vouloir se multiplier, se donner à des multitudes et durer, comme se multiplie la semence tombée en terre, et dure un arbre puissant aux racines jetées profondément dans le sol.

Ce but atteint et couronné par les *Lettres apostoliques* qui faisaient, pour ainsi dire, participer sa communauté à la pérennité de l'Église du Christ, le P. Querbes ne cessera d'en poursuivre les résultats bienfaisants jusqu'au complet épuisement de ses forces, jusqu'à sa mort survenue le 1er septembre 1859.

Sa disparition même d'au milieu de ses fils ne diminuera pas l'élan que leur avaient communiqué son activité, sa sainteté. Le nombre de ces ouvriers apostoliques augmentera rapidement. En vain les tracasseries d'un gouvernement jaloux, puis les persécutions violentes, l'exil, la guerre viendront tour à tour éprouver la vigueur de l'Institut. Plus heureux que d'autres, il saura réparer ses brèches, multiplier même ses œuvres, étendre ses conquêtes jusqu'en de nouvelles nations : le Canada, les États-Unis, la Belgique, l'Espagne. Il s'obstinera à faire le bien. Ces heureux résultats seront l'œuvre du P. Querbes qui, ainsi, se survit dans l'âme de ses enfants et continue à réaliser l'idéal de sa vie, résumé en cette courte devise : *Adoretur et ametur Jesus!*

C'est la vie de cet homme de Dieu, prêtre au zèle apostolique, éducateur éminent dont l'œuvre fut et reste si féconde, que nous voudrions faire connaître à la génération actuelle. Nous croyons par là faire œuvre utile, à cette heure où le clergé paroissial, ne pouvant suffire à la tâche, éprouve un si grand besoin de se recruter et de trouver des auxiliaires, des instituteurs chrétiens qui enseignent aux enfants, avec toutes les sciences nécessaires à la vie, le chemin de la vertu, la voie qui mène au ciel. Surmontant de nombreuses difficultés, le P. Querbes multiplia les écoles paroissiales; ainsi son exemple est une grande lumière, un grand réconfort.

La jeunesse de nos écoles trouvera dans cette même vie un noble idéal de pureté, de labeur et de toutes les vertus. A son contact, elle s'éprendra de sainteté, d'apostolat et de dévouement. Puisse donc cet humble ouvrage être lu, non seulement dans les écoles, mais aussi dans les familles chrétiennes et y susciter de nombreuses vocations.

Puissent enfin les vertus du religieux attirer sur cette physionomie une sympathie toujours grandissante, une confiance de plus en plus assurée dans le crédit dont cet homme de Dieu doit jouir déjà dans le ciel.

Nota. — Le présent volume est l'abrégé de la grande *Vie du P. Querbes*, publiée par le P. Robert, en 1922 (Dewit, Bruxelles). On devra se reporter à cet ouvrage pour les références, les détails et les recherches que facilite un double index des noms propres de personnes et de lieux, avec une table détaillée des matières.

Une notice historique de *l'Institut des Clercs de Saint-Viateur*, depuis ses origines jusqu'à 1927, a paru, avec 18 gravures hors texte, dans la collection *Les Ordres religieux* (Letouzey, Paris).

PREMIÈRE PARTIE

Avant la fondation de l'Institut

CHAPITRE PREMIER

Enfance de Louis Querbes.

C'est pendant la Terreur, le 21 août 1793, que vint au monde Louis-Joseph-Marie Querbes, fils de Joseph Querbes, tailleur d'habits, originaire de la commune de Canabière, diocèse de Rodez, et de Jeanne Brebant, tailleuse pour femmes, de Saint-Didier-de-Formans (Ain). Il naquit à Lyon, aux plus mauvais jours de l'histoire de cette ville.

Ecœurés de la tyrannie jacobine, les bourgeois modérés de la cité s'étaient armés pour la défense de leurs libertés. Au nombre de quatre mille, ils soutenaient contre la Convention un siège opiniâtre. Aussi les représentants, furieux, venaient-ils, le 15 août, de décréter le bombardement de la ville. Le 21, Lyon était donc, depuis six jours, sous la menace des bombes.

Aux menaces extérieures se joignaient celles non moins graves de l'intérieur. Ici les jacobins veillaient et faisaient dresser des listes de proscription. Malheur à ceux qui manifestaient encore des sentiments religieux. Leurs noms s'alignaient impitoyablement sur la liste funèbre, que bientôt les vainqueurs présenteraient aux farouches Commissaires de la Convention.

Ces menaces n'effrayaient cependant pas les parents du nouveau-né. Leur foi les mettait au-dessus de toute crainte. Le jour même de sa naissance l'enfant fut porté par son père à un prêtre fidèle de la paroisse Saint-Pierre. Cet acte héroïque dans sa simplicité, Dieu le bénit en accordant au fils un esprit de foi, une force calme et une intrépidité de vouloir que nous aurons maintes fois l'occasion et le devoir de signaler.

Le lendemain, 22 août, l'enfant était inscrit sur les registres de l'état civil, tandis que le soir même, à 11 heures, commençait le bombardement de la cité, qui devait durer pendant deux mois. Telle fut la musique lugubre dont les sons bercèrent le jeune Querbes à son entrée dans la vie. Mais la Providence veillait sur l'enfant. Un jour même cette Providence se manifesta d'une façon vraiment merveilleuse : une bombe éclata sur la maison qu'habitait la famille Querbes. Personne ne fut atteint, mais la pauvre mère dut s'enfuir épouvantée, emportant son enfant.

La fin du siège ne rendit pas la situation meilleure. Lyon vit alors les jacobins vainqueurs. Couthon, Collot-d'Herbois, Fouché couvrirent la malheureuse ville de ruines et de sang, tandis que l'orgie antireligieuse se mêlait à l'orgie sanglante. Parmi ces ruines et ces massacres, la famille Querbes vécut dans les transes, protégée sans doute par son obscurité même et par Dieu. La fin du régime de la Terreur et la chute de Robespierre, 27 juillet 1794, ne ramenèrent pas complètement à Lyon la paix et la concorde. L'ordre n'y fut pleinement rétabli que vers le milieu de 1795. C'est alors seulement qu'un travail régulier put procurer à Joseph Querbes le pain de la journée et lui promettre celui du lendemain. Sa vaillante femme le secondait admirablement. Après avoir vaqué aux diverses occupations du ménage, prodigué ses soins à son jeune enfant, elle prenait ses ciseaux, son aiguille et trouvait le moyen d'ajouter sa contribution personnelle au gain de son mari. Par ces efforts associés, ils sortirent bientôt de la situation précaire où ils avaient vécu depuis leur mariage. D'autre part, fidèles à leurs habitudes de travail, de sobriété, de vie simple, ils se préservèrent de la corruption environnante.

La religion les y aidait. A aucun moment ils n'en avaient abandonné les pratiques. Comme le culte catholique, même aux plus sombres jours de la Terreur, n'avait jamais cessé à Lyon, mais s'était secrètement célébré dans des maisons particulières, ils avaient assidûment fréquenté ces pieux cénacles où la ferveur puisait dans le danger même un aliment et une excitation. Ils n'y rencontraient qu'une élite et ils étaient dignes d'en faire partie. Chez eux, enfin, comme dans beaucoup de familles ouvrières où s'étaient réfugiées, avec la religion, les vertus domestiques et sociales, le foyer s'était transformé en sanctuaire. Agenouillés au pied d'une statue de la Sainte Vierge ou d'une pauvre croix, soir et matin, chaque jour, ils priaient. Voilà comment s'entretint dans l'âme de ces petits et de ces humbles l'étincelle de foi qui s'éteignait, hélas ! en beaucoup d'autres sous le souffle délétère de l'indifférence ou des plaisirs mauvais. C'est donc dans cette atmosphère religieuse absolument pure que grandissait le jeune Louis. Naturellement, sans effort, sous la douce influence de l'exemple, son âme s'y imprégnait de piété et de foi ; elle s'y ouvrait, s'y épanouissait comme un lis au soleil.

D'une précocité rare, il manifeste de très bonne heure une vive intelligence et un singulier amour de l'étude. Comment ses parents donnèrent-ils satisfaction à cette curiosité en éveil ? On ne sait. La Révolution avait détruit, sans les remplacer, les anciennes écoles ; mais il ne manquait pas, dans les villes surtout, des maîtres privés : ci-devant nobles ou bourgeois ruinés, prêtres insermentés, sans emploi et sans ressources, demandaient à l'enseignement un gagne-pain, une occupation honorable et utile ou s'y dévouaient par esprit d'apostolat. Ce fut probablement au dévouement d'un de ces maîtres, demeuré pour nous inconnu, qu'ils confièrent leur jeune enfant. Ce qu'ils lui apprirent eux-mêmes avec un soin jaloux et un succès merveilleux, ce fut la piété, « le tout de l'homme ». Il l'avait sucée avec le lait maternel ; il ne devait, perdre, grâce à eux, aucune occasion de la développer et de l'affermir.

Dès 1802 il fréquenta l'église Saint-Nizier rendue à la pureté de l'obéissance et de la foi par la nomination d'un clergé resté fidèle aux traditions catholiques. Elle devint dès lors la paroisse de Louis Querbes. Il y vivra pendant dix-neuf ans : il en sera, tour à tour, l'enfant de prédilection, l'apôtre, et, constamment, l'édification et l'ornement.

Les parents n'eurent rien de plus pressé que d'aller le proposer au nouveau clergé comme clerc ou enfant de chœur. Ces fonctions répondaient si bien à sa piété et à ses goûts! Il ressentait déjà de mystérieux attraits pour le sanctuaire; il lui semblait que Dieu demandait son âme, l'appelait à son service. Et c'est apparemment pour le préparer aux grandes choses auxquelles il était destiné que la grâce divine lui inspira une résolution bien au-dessus de son âge.

Il venait d'accomplir sa dixième année. Or, le 15 octobre 1803, un samedi, cet enfant de dix ans se consacra à Dieu par *le vœu perpétuel de chasteté*. L'Institut des Clercs de Saint-Viateur conserve pieusement la formule de ce vœu écrite sur un carton grossier, dans une sorte de cadre enfantin tracé par une main inexpérimentée. Elle est ainsi rédigée :

Moi, Louis-Joseph-Marie Querbes, fais vœu de chasteté pour toute ma vie. — A Lyon, le 15 octobre 1803.

L.-Jh.-M. Querbes.

Il savait que la fidélité à de tels engagements exige des forces surnaturelles; mais il n'ignorait pas que celui que Marie garde est bien gardé : *Posuerunt me Custodem*. La Sainte Vierge était son idéal de pureté; il en fit aussi la gardienne de son vœu, sa protectrice; et, symbole expressif de sa dévotion, il plaça une image de Marie, comme bouclier, sur la formule de son vœu; puis il scella le tout de quatre petits pains à cacheter. Le motif de cette détermination héroïque ? C'est le secret du saint enfant et de Dieu. Nous ne connaissons que le fait; mais à lui seul, il suffit pour provoquer une légitime admiration.

Avec quelle bonne volonté, quelle ardeur, un enfant qui visait à un tel idéal et nourrissait de telles dispositions dut-il entreprendre ou plutôt compléter l'étude du catéchisme préparatoire à la première Communion, il est facile de le supposer. Cette étude fut la principale de ses occupations pendant l'année 1804.

Un événement qui mit en liesse la ville de Lyon exerça aussi, nous semble-t-il, une influence sur la formation de Louis Querbes. Au mois de novembre, Pie VII, se rendant à Paris pour le sacre de Napoléon, traversa Lyon et y séjourna deux jours. Au printemps de 1805, il s'y arrêta encore, du 16 au 20 avril. Ces deux visites donnèrent lieu à des fêtes splendides, à des manifestations éclatantes de piété et de foi, qui ravirent de joie l'auguste visiteur. D'après les récits contemporains, le clergé de toutes les paroisses, en habit de chœur, et suivi d'un grand nombre de fidèles portant des flambeaux, se rendit processionnellement à sa rencontre et se prosterna sous sa bénédiction. Les fonctions de Louis Querbes lui assignaient une place dans ce cortège. Il vit donc de ses yeux le Pape, le successeur de Pie VI mort naguère en exil à Valence; le Pape, qui, à son tour, sera bientôt le prisonnier de Savone et de Fontainebleau et dont il célébrera un jour la délivrance devant ses condisciples du Séminaire.

De cette vision inoubliable, date vraisemblablement l'origine de sa dévotion au Pape, de ce sens si parfaitement catholique et romain, qu'il garda toute sa vie, alors que, autour de lui, tant d'autres, et des meilleurs, demeuraient attachés aux doctrines et aux préjugés gallicans.

Mais si les deux passages de Pie VII à Lyon furent pour Louis Querbes une démonstration religieuse qui le frappa et qu'il retint, il en tira encore un autre profit. La vue du Vicaire de Jésus-Christ si accueillant, si bon, si majestueux sous la tiare et si radieux en sa robe blanche, lui fit désirer davantage le bonheur de recevoir Jésus-Christ. L'époque de sa première Communion approchait. Il s'y préparait sous la direction d'un prêtre de talent, de piété et de zèle. Le jour arriva enfin qui devait combler les vœux de son âme virginale : ce fut le jeudi 13 juin, fête du Très Saint Sacrement.

Si Jésus-Christ proportionne d'ordinaire ses libéralités aux dispositions de ceux qui le reçoivent, on peut juger des dons qu'il départit au jeune enfant qui lui avait voué sa virginité. Il le fixa dans sa vocation sacerdotale, et nous allons voir comment Louis s'y prépara.

CHAPITRE II

Adolescence.

Trois ans seulement s'étaient écoulés depuis la proclamation officielle du Concordat; deux ans depuis que Mgr Fesch, oncle de Bonaparte, avait pris possession du siège de saint Pothin et de saint Irénée. Et déjà se manifestait partout, dans la ville et l'archidiocèse de Lyon, un magnifique réveil de la foi. Les fidèles se pressaient dans les églises; les conversions s'opéraient en grand nombre; les processions de la Fête-Dieu déroulaient librement leurs pompes dans les rues. Mais nulle part peut-être, cette ardeur de restauration religieuse n'était plus admirable qu'à Saint-Nizier, la plus importante paroisse de la ville.

Cathédrale du schisme pendant dix ans, cette église semblait avoir à cœur de réparer et de faire oublier ce passé peu glorieux. Un curé et quatre vicaires, confesseurs de la foi, y prêchaient de parole et d'exemple. Les œuvres y étaient florissantes; les souvenirs de l'antique collégiale ne s'étaient pas effacés; ravivés par les circonstances, ils incitaient à reprendre les nobles traditions interrompues.

Une institution qui, à Saint-Nizier comme à Saint-Jean, contribuait beaucoup autrefois à rehausser les cérémonies et préparait au sacerdoce d'excellentes

recrues, c'était l'école des *Clergeons* ou des *Clercs*.
Ne pouvait-on pas la rétablir, en l'accommodant à la
situation et aux besoins du présent? Les vicaires,
la cure étant alors vacante, se posèrent la question
et la résolurent par l'affirmative.

Au mois de mai 1805, ils remirent au cardinal
Fesch un mémoire collectif dans lequel ils sollicitaient
l'autorisation d'établir dans leur paroisse une école
cléricale ou *manécanterie*. Comme cette initiative
entrait parfaitement dans les idées les plus chères au
cardinal, non seulement il l'approuva volontiers, mais
s'empressa même, par une ordonnance du 4 août 1805,
d'en faire bénéficier le diocèse tout entier. Ainsi Lyon
doit au cardinal Fesch la floraison d'écoles cléricales
qui couvrit bientôt tout le diocèse.

Improvisée à la hâte et pour répondre à des besoins
urgents, leur installation dans les dépendances des
églises fut d'abord, et elle reste encore, peu luxueuse ;
l'hygiène moderne surtout, avec ses exigences multiples, pourrait, ainsi que l'architecture, élever
quelques objections. Mais comme l'hygiène morale
y trouve admirablement son compte! Dans quelle
atmosphère plus propice et plus pure plonger les
jeunes âmes! Elles respirent la piété avec l'encens du
sanctuaire. Constamment sous le regard du prêtre, de
leurs anges, des saints, de Dieu même ; en face d'objets
et de murs sacrés qui leur parlent et les surveillent,
elles vivent, quoique dans le monde, à l'abri de ses
dangers et de ses vices. Et, d'autre part, s'initier au
chant, à la liturgie, aux cérémonies de l'église, servir
tous les jours à l'autel, prendre part à tous les offices,
assister le prêtre dans l'administration des sacre-

ments, porter au chœur son habit, vivre presque de sa vie, subir continuellement son influence et son contact bienfaisants : quelle meilleure préparation au sacerdoce !

C'est dans ce milieu que Louis Querbes allait vivre au début de l'année scolaire 1805-1806. Nous connaissons les sentiments profondément religieux de la famille Querbes. Louis nourrissait depuis longtemps une vocation ecclésiastique bien marquée, il était déjà enfant de chœur et venait de terminer sa douzième année. Il fit donc naturellement partie du premier groupe d'élèves qui constitua cette année-là l'école cléricale de Saint-Nizier.

Il eut d'abord pour professeur l'abbé Antoine Durozat, revenu de l'exil et dont la vie était un noble exemple, une précieuse leçon.

La direction effective **de** l'école était confiée à M. l'abbé Ribier qui possédait un ensemble de qualités remarquables, un zèle éclairé pour la culture des vocations ecclésiastiques. Il remplit ses fonctions avec un très grand succès. Sous sa direction, Louis Querbes avança graduellement dans la pratique des vertus, dépouilla ce qui pouvait lui rester encore de puéril, et atteignit cette maturité précoce qui, dès l'année 1807, le rendait digne de revêtir l'habit ecclésiastique et d'entrer dans la cléricature. Le Samedi-Saint, 28 mars, il reçut la tonsure des mains du cardinal Fesch, dans la primatiale. A ses côtés, se trouvait son condisciple, coparoissien et intime ami, Antoine Steyert.

Un autre prêtre, l'abbé Marduel, exerça sur le jeune Querbes sa part d'influence. Elle fut même considérable, si on la mesure au degré d'intimité et de confiance qui s'établit entre eux, malgré la différence des âges. C'est que des goûts communs les rapprochaient. M. Marduel avait été dans sa jeunesse enfant de chœur à Saint-Nizier; il connaissait mieux que personne les usages et les cérémonies de Saint-Jean. Aussi s'appliquait-il à les faire revivre dans la vieille collégiale, qu'il chérissait depuis son enfance. Il aimait le chant liturgique, les cantiques, tout ce qui donne au culte de la vie et de l'éclat. Rien ne parlait davantage non plus à la foi vive et à l'âme candide de Louis Querbes. Il avait toujours senti, comme d'instinct, le charme, la douce poésie du culte catholique. A l'école de M. Marduel, il continua de la goûter et il apprit à la comprendre. Le clerc exemplaire de Saint-Nizier, avec son amour des choses liturgiques, se retrouvera dans toute la vie et jusque dans les œuvres du P. Querbes.

Telles sont les principales influences qui s'exercèrent sur sa formation, pendant son passage à l'école cléricale. Elles furent d'autant plus heureuses et fécondes qu'il leur ouvrit toute son âme et les seconda de toute sa bonne volonté. Il n'était pas une de ces natures molles qui reçoivent passivement l'action du dehors et ne savent pas la compléter en réagissant. Son énergie naturelle s'assimilait tous les éléments que lui apportait l'éducation, et, le travail de la grâce y ajoutant son efficacité supérieure, Louis se développait harmonieusement, selon les desseins que Dieu avait sur lui. Il fut un élève modèle. Son caractère ouvert, sa droiture, son humeur franche et joviale, lui conquirent sur les bancs de l'école, parmi ses maîtres, aussi bien que parmi ses condisciples, des amitiés qui l'honorent, et qui lui restèrent toujours fidèles.

Mais aucune des influences que nous venons de signaler ne le marqua d'une si forte empreinte que celle de son professeur de rhétorique et de philosophie, Guy-Marie Deplace : douce, pure, très curieuse et très attachante figure qui mériterait de briller au grand jour de l'histoire.

Cet homme si remarquable était en même temps un grand chrétien que la religion pénétrait jusqu'aux moelles, chrétien non seulement dans sa vie privée et dans sa famille, mais aussi dans sa vie publique et dans ses écrits. Nous avons, en effet, de sa plume des œuvres qui le recommandent tant au point de vue religieux que littéraire.

Et le professeur était digne du littérateur, de l'homme et du chrétien. Il enseignait comme il écrivait avec la même conscience, s'acquittant de ses fonctions comme d'un sacerdoce.

De telles qualités ne durent pas faire hésiter le digne M. Besson à confier à M. Deplace, son paroissien et ami, les trois premiers élèves de sa manécanterie : Querbes, Rabut et Steyert. Elles lui eurent aussi bien vite gagné le cœur de ses élèves. Entre lui et Louis Querbes surtout, cette affection prit un caractère tout particulier de confiance et d'intimité dont témoigne une nombreuse correspondance conservée avec soin par le futur fondateur des Clercs de Saint-Viateur. De ces lettres, malheureusement, nous ne possédons que celles du maître, mais elles nous révèlent bien des choses sur le caractère du pieux destinataire.

L'église Saint-Nizier à Lyon.

Par les notes de classe de Louis Querbes, nous
savons déjà le genre des études auxquelles il se livra

pendant ces deux années 1810 et 1811 ; la correspondance nous dit comment il employait les vacances. Le presbytère et l'église semblaient être les séjours préférés du jeune étudiant. Louis avait ses entrées libres à la cure et faisait déjà presque partie du clergé de Saint-Nizier. L'enfant de chœur continuait ses fonctions à l'autel. Il était toujours bon, pieux, et la dévotion qu'il avait vouée dès son enfance à Marie le faisait monter fréquemment à Fourvière où son maître lui mandait de parler un peu de lui à la Sainte Vierge. D'autres fois, le professeur s'adressait à la charité de son élève ; et celui-ci qui n'était ni timide ni emprunté, mais plein d'initiative, se plaisait à lui rendre mille petits services. En retour le maître mettait en toute confiance sa bibliothèque à la disposition de Louis ; et nous savons combien celui-ci aimait à y puiser. De sages conseils émaillaient les lettres de M. Deplace ; et l'on ne sait ici ce qu'il faut admirer le plus : la piété, la simplicité, le sérieux du maître, ou la docilité, la confiance et la filiale correspondance du disciple.

Ainsi se passaient dans la sainteté, la piété, le travail, les vacances de Louis. Un trait qui, à lui seul, dénote le sérieux qu'il mettait à sa perfection personnelle, c'est la recherche attentive du pieux directeur auquel il confia le soin de son âme. Loin de s'en rapporter pour ce choix à son jugement personnel ou mieux aux lumières de son maître, il demanda conseil au frère de Guy-Marie, l'abbé Apollon Deplace. Celui-ci lui indiqua un guide pieux et sûr ; et quelque temps après, répondant à une lettre de remerciement, il lui disait :

Je suis bien aise que vous soyez content de la personne
qui vous dirige; en vous l'indiquant, je n'ai fait que mon
devoir. Bénissons ensemble le bon Dieu, car un bon
directeur est un don du Seigneur qui exige de notre
part une reconnaissance spéciale.

Cependant Louis touchait au terme de ses études
de philosophie. Le 24 juillet 1812, il les couronnait
par le diplôme, brillamment conquis, de bachelier
ès lettres. Mais loin de se laisser enivrer par ces lau-
riers, il les offrait généreusement à Dieu, et, à leur
ombre, il se prépara humblement, sans aucun regard
en arrière, à entrer au Grand Séminaire.

CHAPITRE III

Le séminariste.

Louis Querbes entra au Séminaire de Saint-Irénée le 31 octobre 1812. Il apportait à ses nouveaux maîtres, outre un esprit cultivé, d'excellentes dispositions, de sorte qu'il ne tarda pas à briller parmi ses condisciples. C'étaient entre autres, Loras, Rabut et Steyert, ses amis d'enfance, Dominique Dufêtre, jeune homme de seize ans et d'une rare précocité, Vincent Pater, l'ami d'hier peut-être, en tout cas celui d'aujourd'hui, de demain et de toujours. Tous ces condisciples étaient Lyonnais de naissance : ils formèrent le cercle intime dans lequel vécut de préférence notre séminariste, et tous prirent part aux ordinations du 18 décembre 1812, dans lesquelles Louis reçut les ordres mineurs. Ces ordinations furent exceptionnellement nombreuses : on n'y compta pas moins de soixante-dix-neuf tonsurés et cent dix-neuf minorés. Clerc à quatorze ans, acolyte à dix-neuf, Louis Querbes ne pourra recevoir le sous-diaconat qu'en 1815 après sa majorité. Cette circonstance favorisa ses études, car il put leur consacrer plus de temps. A la fin de sa première année de théologie, il avait recueilli une ample moisson de connaissances, mais il avait fait surtout apprécier en lui un esprit net, un jugement droit, un parfait équilibre des facultés intellectuelles et cette fermeté de volonté qui le destinait à être un conducteur d'hommes.

A la rentrée, il rencontra au Séminaire, parmi les nouveaux arrivés, Jean-Claude Colin, Marcellin Champagnat et Ferdinand Donnet. Quel accueil fit-il aux deux premiers en sa qualité d'ancien? Quelles relations noua-t-il dès lors avec eux? Nous en sommes là-dessus réduits à des conjectures. Une chose certaine, c'est que la dévotion à la Sainte Vierge était commune aux futurs fondateurs de la *Société de Marie* et des *Petits Frères de Marie* et à l'enfant de Notre-Dame de Grâces qui, dès l'âge de dix ans, avait voué à Dieu sa virginité.

Mais entre Donnet et lui, il s'établit tout de suite une véritable intimité. A cette affection Dominique Dufêtre était étroitement associé, ce qui faisait dire familièrement aux autres séminaristes :

> Querbes, Dufêtre, Donnet :
> Trois têtes dans le même bonnet

Leur amitié n'avait pourtant rien d'exclusif.

Aimable, gai, spirituel, franc, piquant dans ses appréciations, raconte un contemporain, Louis Querbes attirait à lui naturellement. On recherchait avec empressement sa société. Cœur sensible et aimant, il comptait dans le clergé un grand nombre d'amis dont aucun ne lui a fait défaut.

Grâce à ces qualités précieuses il avait des rivaux, mais point de jaloux, malgré des succès peu ordinaires.

Bien qu'à cette époque le Séminaire réunît des sujets d'un grand talent, rapporte le contemporain cité plus haut, j'ai souvent ouï dire à ses condisciples que, toutes les fois qu'il s'agissait d'une question d'histoire et d'érudition, le seul à qui M. Cattet, professeur de dogme, pût s'adresser était l'abbé Querbes, un de ses plus jeunes lévites. Maîtres et condisciples étaient étonnés et émerveillés que, si jeune encore, il eût acquis déjà un savoir aussi étendu que varié, qu'il répondit toujours avec une assurance, une facilité, une pureté de langage si impeccable.

Louis Querbes tenait ces avantages de la nature qui l'avait bien doué; il eut le mérite de ne jamais s'en prévaloir, de les rapporter à leur auteur, de les faire servir à la gloire de Dieu et au salut des âmes.

C'est durant cette année scolaire 1813-1814 que l'on voit percer dans l'âme du futur fondateur des Clercs de Saint-Viateur les premières pensées de vie religieuse. Il n'était pas le seul à rêver de cette vie plus parfaite. Avec lui, plusieurs de ses condisciples regardaient d'un œil d'admiration et d'envie les *Pères de la foi*, religieux qui avaient dirigé l'Argentière et le Collège de Belley; plusieurs d'entre eux, retirés à Lyon, y jouissaient d'une grande réputation de vertu. Nos jeunes séminaristes n'étaient-ils pas appelés un jour à se joindre à eux et à coopérer ainsi au rétablissement des Jésuites? Pour fortifier leurs espérances et s'encourager mutuellement, ils avaient formé entre eux une sorte de *Société* avec réunions et entretiens intimes pendant l'année, et échanges de lettres pendant les vacances.

Il faut l'avouer, les événements tragiques de cette époque : campagne d'hiver de 1814 suivie de l'abdication de Napoléon et du retour de nos rois, favorisaient mal le recueillement nécessaire à la méditation de leurs pieux projets. Néanmoins ils y songeaient toujours.

Pour Louis, les vacances de cette année-là furent
mouvementées, sérieuses, un peu tristes, mais
fécondes. Il les passa à Lyon dans sa famille, conti-
nuant les relations avec son ancien maître toujours
bon, et conseiller toujours sage. Il lut de lui la fameuse
brochure : *De la persécution de l'Église sous Buo-
naparte*, dont les accents chrétiens durent profondément remuer le cœur du disciple. Nous en retrouvons
un écho affaibli mais fidèle dans une œuvre de ses
vacances, son premier sermon. Il le travailla avec soin,
non toutefois sans distractions, dues, en particulier,
à la double visite faite à Lyon par Monsieur, comte
d'Artois.

De plus, M. Deplace aurait voulu l'attirer à Roanne
dans sa maison de campagne. Il résista doucement
aux vives instances du maître. Il préféra la solitude
relative qu'il trouvait près de sa famille, ce qui lui
permit de repasser ses traités, de terminer son sermon.
C'était là son devoir ; le reste était le plaisir.

Ce premier sermon jette un jour singulier sur les
mystérieuses préparations par lesquelles la grâce
esquissait déjà, dans l'âme de notre séminariste, le
plan de sa future fondation. Parmi les Congrégations
religieuses détruites par la Révolution, ses regrets
vont surtout à celles qui « se dévouaient à l'instruction
et à l'éducation des générations naissantes, ou qui
aidaient les ministres des autels à supporter le poids
de leurs importants travaux ». Impossible, nous
semble-t-il, de ne pas reconnaître dans ses regrets,
et le vif sentiment des besoins du clergé à son époque
et les premiers linéaments de l'Institut qu'il devait
fonder. Non pas que Louis Querbes eût dès lors une

conscience nette de son rôle providentiel, mais Dieu, à son insu, l'élaborait en lui, lui en montrait d'avance l'utilité et la raison d'être.

Par ailleurs, afin de l'éprouver, Dieu le laissait encore incertain de sa voie. La Compagnie de Jésus continuait de l'attirer et plus fort que jamais. Ses désirs s'avivaient par la décision de plusieurs de ses condisciples qui avaient récemment quitté le Séminaire pour entrer dans la Compagnie. N'étaient-ce pas des exemples à imiter? Il se le demandait en priant, et attendait que la voix de Dieu s'exprimât par celle de son directeur spirituel. Elle ne parla pas ou ce ne fut que pour l'appeler au sous-diaconat. Louis reçut le premier des ordres sacrés le vendredi 23 juin 1815. Il avait à ses côtés Jean-Marie Vianney ; le même jour, Jean-Claude Colin et Marcelin Champagnat étaient ordonnés diacres.

Le cours régulier de théologie ne durait que trois années ; il l'avait terminé avec grand succès. D'autre part, M. Besson ayant grand besoin d'un professeur pour son école cléricale, songea naturellement à son enfant de prédilection, à Louis Querbes. Ainsi se réalisaient les prévisions de M. Deplace, que son élève ne tarderait pas à « entrer dans la ligne de ses successeurs ».

Le jeune sous-diacre se montra digne de son maître. Il était né pour le commandement : volonté énergique, constante égalité d'humeur, pleine possession de lui-même, un air et un ton d'autorité naturels, une physionomie ouverte et grave, un jugement droit, une raison ferme, en garde contre les influences de la passion ; avec cela un grand cœur, un dévouement et un amour sincères pour la jeunesse, un esprit de foi et une piété remarquables; il avait toutes les qualités qui font les maîtres obéis et les bons éducateurs. Il se révéla, de plus, brillant professeur.

Des troubles au sujet de sa vocation le poursuivaient toujours. Pendant l'automne de 1815, il demanda à ses supérieurs, sans l'obtenir, la permission d'entrer au noviciat des Pères Jésuites de Montrouge. Attristé de ce refus, qui lui semblait élever un obstacle entre sa volonté et celle de Dieu, il perdit quelque temps sa gaieté habituelle. L'épreuve durait encore au moment de son ordination au diaconat. Il s'y prépara par une sérieuse retraite, qu'il alla faire au Séminaire. La page suivante, qu'il écrivit pour se conformer aux avis de son directeur, nous révèle ses dispositions intimes :

Je tremble quand je songe que demain, à l'heure où je suis, je serai revêtu de la même dignité que saint Etienne et saint Laurent... Je demande au Saint-Esprit qu'il fasse surtout descendre sur moi l'esprit de fermeté et de force qui fait les **grâces principales** du diacre; l'esprit de recueillement et d'oraison, pour me préserver des dangers et de la dissipation où m'entraîne la trop grande liberté dont je jouis; l'esprit d'humilité et de douceur, pour me comporter comme il convient avec mes supérieurs et mes égaux, réprimer mon aigreur, égayer mon caractère sombre et monotone, éloigner les idées chagrines qui me poursuivent. Je prends la résolution :

1° De m'instruire, dès à présent, des dispositions prochaines au sacerdoce et de tâcher de m'y former en me rappelant souvent ces paroles : *onus angelicis humeris formidandum,* et me répandant peu au dehors, seulement autant que le besoin l'exigera...

2° De suivre exactement une règle dans mes occupations et surtout de ne manquer aucun de mes **exercices** de piété.

3° De travailler avec ardeur, mais aussi en **toute** pureté de motif et d'intention; je demanderai aussi cette **grâce** à Dieu.

Je me mets, dès ce moment, sous la protection spéciale de saint Étienne et de saint Laurent. Je me recommande de nouveau à la Sainte Vierge, aux saints **Anges**, à mes saints patrons, et je prie Jésus-Christ d'avoir **pour** agréable l'offrande, que je lui renouvellerai demain, **de** toutes les facultés de mon corps et de mon âme.

Le lendemain, 21 juillet 1816, il fut ordonné diacre dans la chapelle du Séminaire par Mgr Dubourg, évêque de la Nouvelle-Orléans. Les grâces qu'il avait demandées lui furent largement départies; il s'efforça d'y répondre. Il interdit à son cœur jusqu'aux épanchements de la plus pure amitié, pour mieux le préserver de la dissipation et le garder tout à Dieu. Le temps d'ailleurs marchait vite; M. Besson et ses directeurs avaient décidé qu'il recevrait le sacerdoce aux Quatre-Temps de l'Avent.

S'il tâcha énergiquement de s'abstraire de l'agitation extérieure, et s'il y réussit, il ne put pas complètement échapper à une grave préoccupation personnelle. L'affection paternelle de M. Besson ne chercherait-elle pas à le retenir auprès de lui? N'userait-elle pas, dans ce but, de toute l'influence dont il disposait auprès de l'autorité diocésaine? Il ne l'espérait pas, il le craignait, et avec raison. Mais, dans ce cas, sa conscience ne lui faisait-elle pas un devoir de se dérober aux désirs de son curé? de lui rappeler le proverbe évangélique : « Nul n'est prophète en son pays? » de sacrifier son affection filiale, tous les liens qui l'attachaient à Saint-Nizier, pour travailler plus efficacement ailleurs à la gloire de Dieu et au salut des âmes?

Au courant de ses perplexités, M. Deplace lui écrivit quelques jours avant la retraite d'ordination, que telle était bien la décision déjà prise d'un commun accord entre M. Besson et M. Courbon, vicaire général, et que malgré le désir de se soustraire à ce fardeau, il ne pouvait cependant pas ne pas l'accepter.

Cette voix, si respectée et si aimée, et sans doute aussi celle de son directeur spirituel firent taire ses scrupules. Louis s'abandonna à la volonté de Dieu.

Mgr Dubourg lui conféra la prêtrise dans la chapelle du Séminaire, le 17 décembre 1816.

Le lendemain, M. Besson lui adressait une lettre très affectueuse pour lui confirmer officieusement sa nomination à Saint-Nizier.

Cette nomination exigea de lui son premier sacrifice; mais, s'en étant remis aux mains de Dieu, ayant promis obéissance à ses supérieurs, il le fit généreusement. Dieu devait l'en récompenser par les bénédictions répandues sur son ministère.

CHAPITRE IV

L'abbé Querbes vicaire à Saint-Nizier.

Nous venons d'assister à la formation de l'apôtre.
Voyons-le à l'œuvre. Le milieu dans lequel il va
exercer son premier ministère ne nous est pas complètement inconnu. Pour lui il semble n'avoir aucun
secret. Du presbytère de Saint-Nizier, il connaissait
de longue date les personnes et les choses, les usages
et l'esprit.

En 1817, le clergé paroissial comprenait, outre le
vénérable M. Besson, curé, quatre vicaires et plusieurs
prêtres habitués ou assistants, de sorte qu'on peut
évaluer à une douzaine le nombre des ecclésiastiques
attachés à Saint-Nizier à un titre quelconque. C'était
presque le clergé de l'antique collégiale ; pourtant il
suffisait à peine aux besoins de la paroisse. Située
au cœur de Lyon, dans la partie de la ville qui était
alors le centre de la vie et des affaires, elle ne
comptait pas moins de 25 000 âmes. On y distinguait
très peu d'éléments révolutionnaires, mais quelques
impies, ennemis systématiques de toute religion ; des
déistes, francs-maçons et voltairiens, des indifférents,
des âmes droites aussi, en quête de vérité religieuse.
Il s'y trouvait une majorité de fidèles pratiquants, et
parmi ces derniers, une élite enrôlée dans des con-

fréries pieuses et charitables. Il fallait se servir de ces instruments du bien, en accroître l'action, les compléter. Nous verrons pour quelle part l'abbé Querbes y contribua.

Il se mit à la besogne résolument, tout entier, avec l'âme et les dispositions d'un apôtre, et, pour mieux travailler la vigne confiée à ses soins, il s'y renferma. C'est à peine si nous l'en voyons sortir deux fois, pendant quelques jours seulement, au cours de ses six années de vicariat.

Au mois d'août 1818, il alla faire une retraite, sous la direction des prêtres de Saint-Sulpice, à la solitude d'Issy, près de Paris. Une autre année, pendant l'été de 1821, il se rendit dans l'Aveyron pour voir la famille de son père, dont il ne connaissait aucun membre.

Donnons-nous maintenant le magnifique spectacle de son activité sacerdotale.

I. Directeur de l'École cléricale et catéchiste.

L'activité de l'abbé Querbes eut pour premier champ l'école cléricale ; elle le cultiva avec un amour doublé de reconnaissance. Le cardinal Fesch avait fixé à dix-huit le nombre des élèves qu'on pouvait y admettre. Mais depuis 1805 les ressources de la paroisse avaient augmenté et autorisaient de plus grands sacrifices. L'essor de l'industrie et du commerce mettait plus d'aisance dans les familles ; la foi ravivée leur faisait désirer plus vivement pour leurs fils l'honneur du sacerdoce ; les besoins du diocèse exigeaient toujours plus de prêtres. Se rendant compte de toutes ces circonstances et obéissant à l'ardeur apostolique de son âme, l'abbé Querbes obtint l'agrandissement de son école; puis, pour la peupler, il proposa un plan à l'agrément de M. Besson qui l'approuva volontiers.

Ce projet accepté, l'abbé Querbes le publia deux fois du haut de la chaire avant la rentrée des classes. Le nouveau mode de recrutement produisit les résultats espérés : l'école cléricale fut renouvelée et le nombre de ses élèves considérablement accru.

Mais ce n'était pas tout d'augmenter la tribu des jeunes lévites. L'important était de les préparer pour le sanctuaire, en protégeant et faisant éclore les germes de vocation que la grâce de Dieu avait déposés dans leur sein. Dans ce but, l'abbé Querbes déploie toutes les ressources de son zèle. Chaque année, à la rentrée, il prêche une retraite à ses élèves, et il leur parle avec un abandon touchant, si l'on en juge par les quelques notes jetées à la hâte sur des bouts de papier que nous avons retrouvés.

Après les vacances, temps de repos, mais aussi de dissipations, voici le temps favorable, le temps du recueillement, du travail, des habitudes de piété à reprendre. L'année se présente sous les plus heureux auspices. Ouvrez vos cœurs à la voix secrète de Dieu... La retraite est le temps favorable; mais il faut profiter de tous les temps. Vous le devez à Dieu, au prochain, à vos maîtres, à vos parents, à l'Église.

A l'œuvre tout de suite, *dixi, nunc cœpi*. A l'œuvre, dès aujourd'hui, par de bonnes résolutions prises en face de cet autel. Mettez-vous à genoux, et faites cette prière dont les anges, vos bons anges gardiens, vont être les témoins : Seigneur, grâces vous soient rendues pour le bienfait de cette retraite; nous avons été touchés par votre grâce, nous venons donc vous consacrer tous les jours, tous les moments de cette année. A l'église,

chez nos parents, en classe, partout, nous ferons souvent
des actes d'amour de Dieu. O mes enfants! Aimez le
Seigneur, consolez l'Eglise; vous êtes l'objet de ses
soins. Le Seigneur a des desseins de miséricorde sur
cette école; il m'en inspire le pressentiment. Terminons
en chantant un cantique à la Sainte Vierge.

Ouverte sous les auspices de Marie, l'année scolaire
se continuait et se clôturait de même. Chaque jour,
le zélé directeur faisait à ses élèves un quart d'heure
de méditation, avant la classe du matin, et une demi-
heure de catéchisme après la classe du soir. Le dernier
jour de l'année, une communion générale réunissait
tous les jeunes clercs à la sainte Table; puis, avant la
séparation, avait lieu, souvent en présence des parents,
la consécration à la Sainte Vierge : ils avaient appelé
au début de l'année la bénédiction de Marie sur les
semailles, ne devaient-ils pas lui offrir les prémices
de la moisson recueillie?

Cette moisson : progrès dans la piété, chemin du ciel
connu et parcouru, vocation éveillée, developpée ou
affermie, grâces cachées, connues de Dieu seul : ces
fruits de l'année, ce n'est pas à nos soins que vous les
devez, leur disait-il un jour. Remontez à la source,
rappelez-vous ces prières faites à l'autel de Celle qu'on
n'implore jamais en vain. Combien de fois vous y avez
trouvé le terme de vos irrésolutions! Comptez, si vous le
pouvez, les péchés évités, les faveurs obtenues, les
marques de sa protection.

Et il les invitait à l'action de grâces, puis à l'amende
honorable pour les infidélités commises, enfin, à la
demande, pour le temps des vacances.

Le monde présente des dangers, même dans vos
familles chrétiennes; les camarades feront retentir aux

oreilles des propos scandaleux ou troublants, contre lesquels il faut se mettre en garde. Vous êtes de la famille sacerdotale et de la famille de Marie : restez dignes de vos maîtres, dignes de votre Mère. Conservez votre pudeur; soyez des anges de pureté toujours prêts pour le ciel.

On comprend quelle influence ces exhortations devaient exercer sur des âmes bien disposées. Aussi la piété, le bon esprit, l'amour du travail régnaient-ils à l'école cléricale de Saint-Nizier, sous la direction de l'abbé Querbes. Au nombre des pieuses pratiques qu'il y établit ou qu'il y fit fleurir, nous devons mentionner la visite quotidienne au Très Saint Sacrement et à la Sainte Vierge, et le *mois de Marie*. Cette dernière pratique, alors une nouveauté, fut si bien accueillie des élèves de la manécanterie et produisit tant de bien parmi eux, qu'elle fut vite adoptée par la paroisse elle-même. De Saint-Nizier elle se répandit en peu de temps dans les **autres églises de Lyon**, la cité de Marie, puis dans la France entière. On est donc en droit, nous semble-t-il, de revendiquer pour l'abbé Querbes l'honneur d'avoir introduit dans notre pays la dévotion si belle et si justement populaire du mois de Marie.

Le vicaire qui s'occupait avec une si tendre sollicitude du petit groupe d'enfants privilégiés de la manécanterie ne pouvait pas négliger les autres enfants de la paroisse. Il rappelait souvent et avec force aux parents leur devoir de les instruire, de les former à la piété, de veiller aux intérêts de leur âme.

Prenez garde, leur disait-il, l'impiété redouble ses efforts pour porter la contagion jusque parmi l'enfance et le jeune âge. Si quelque chose est capable de vous effrayer, c'est la profonde ignorance de la génération actuelle. Laissez-nous exhaler notre douleur... Aujourd'hui les enfants ne lisent le nom de Dieu que dans les anthologies et ne l'entendent souvent que dans les blasphèmes.

Il leur montrait le philosophisme se couvrant du masque d'un dévouement affecté pour l'enfance, afin de faire pénétrer jusqu'à elle des livres empoisonnés. Et il concluait :

Ah! laissez donc, mes Frères, laissez ces pauvres enfants arriver jusqu'à vos pasteurs. Grâce à nos leçons ils seront la consolation de vos vieux ans. Vous n'aurez pas à pleurer sur leur mort spirituelle, comme des Rachels inconsolables ; vous les rendrez et vous vous rendrez heureux en cette vie et dans l'autre.

Quand venait la rentrée des classes, il annonçait avec bonheur le retour des « bons Frères » et des « bonnes Sœurs ».

Nous connaissons par expérience leur simplicité, leur dévouement, l'excellence de leurs méthodes. Ah! si vous secondiez leurs efforts par une vigilance soutenue! Réunissons-nous tous pour former une nouvelle génération qui soit vraiment chrétienne... Nous vous déclarons que les écoles des Frères et des Sœurs sont les seules écoles gratuites qui aient la confiance de vos pasteurs.

Former une génération chrétienne, telle était la noble ambition, le tourment de l'abbé Querbes. Il s'y appliquait de toute son âme. Petit catéchisme aux plus jeunes, catéchisme préparatoire à la première Communion, catéchisme de persévérance, conférences apologétiques aux jeunes gens, il ne négligeait aucun moyen d'instruire ni d'assurer le fruit de son ensei-

gnement. Des notes, des plans de leçons, des résumés
d'élèves, des sujets de composition, de courtes profes-
sions de foi rédigées de sa main et présentant en un
raccourci saisissant les devoirs et les vérités de la
religion, montrent quelle idée le catéchiste avait de
ses fonctions, et avec quelle conscience, quel amour,
quel succès il les remplissait.

2. Prédication. — Direction des âmes. — Charité.

Le prédicateur chez l'abbé Querbes valait le catéchiste. Quelque sujet qu'il traitât, dogme, morale,
dévotion ; quelque forme qu'il donnât à ses prédications, sermons, prônes, homélies, conférences, il avait
continuellement devant les yeux le mot d'ordre du
Maître : *docete*, enseignez ; et il instruisait avant tout
suivant l'ancienne et grande manière des Pères, suivant les recommandations instantes du Concile de
Trente et du *Catéchisme romain*. Avec son intelligence vive, son amour de l'étude et ses habitudes
de travail, qu'il ne perdit jamais, il avait commencé
à l'école de M. Deplace et complété au Grand Séminaire
ses provisions de science ecclésiastique. Il y ajoutait
chaque jour un peu, par la règle qu'il s'était prescrite
de revoir sa théologie tous les matins. L'Ecriture
Sainte lui était familière. Parmi les Pères, c'est saint
Jean Chrysostome, saint Augustin, saint Irénée et
saint Bernard qu'il a le plus pratiqués. Il connaît les
principaux sermonnaires du xviie et du xviiie siècles.
Bref, il apporte à la chaire chrétienne la préparation
qu'elle réclame. Fort heureusement pour lui, car il
n'aurait pas eu le temps plus tard d'acquérir cette

préparation, absorbé qu'il fut par un ministère écrasant.

Un seul de ses sermons, le second qu'il prononça, est complètement rédigé ; les autres sont des brouillons encombrés de ratures, de surcharges, de renvois avec des abréviations, des moitiés de phrases qui tracent seulement une direction à la pensée, des points de suspension, qui laissent à chaque instant le champ libre à l'improvision. Quelques-uns sont incomplets, n'ayant qu'un seul point ou exorde ; d'autres se réduisent à un canevas, à l'indication de la division et des idées principales. Tous, écrits à la hâte, ne présentent qu'un premier jet. Mais rien n'est plus naturel, plus sincère, plus franc ; rien ne traduit mieux le mouvement intérieur d'un esprit et d'une âme ; rien ne nous livre mieux, avant tout déguisement artificiel, tout apprêt, toute toilette, si l'on peut dire, l'homme dans son vrai fond ; rien ne laisse mieux surprendre la spontanéité de l'orateur, le caractère et le secret de son éloquence.

Celle de l'abbé Querbes jaillissait de son âme même et de son amour pour les âmes. Elle prenait son inspiration et sa règle dans son zèle, volontairement dédaigneuse de tout ce qui ne servait pas au but poursuivi : la gloire de Dieu, l'avantage spirituel de ses auditeurs, ou tout au moins la libération de sa conscience.

On écoute avec plaisir ce jeune vicaire de vingt-trois ans, enfant de la paroisse ; quand il doit parler, les fidèles se pressent plus nombreux autour de la chaire. Il s'en aperçoit, et, loin de s'en réjouir, il s'en inquiète, car, à son avis, les fidèles en se rendant au

sermon ont autre chose à faire que de juger les paroles
et l'action du prédicateur. Il s'en explique lui-même
ouvertement :

Ne venez pas chercher ici, leur dit-il, de quoi satisfaire
votre imagination et vos oreilles délicates. Les souffrances,
la passion du Rédempteur, l'agonie sanglante, les chaines,
les tourments, les clous, la croix de mon Sauveur : voilà
tout ce que vous entendrez ; voilà toute ma science.

De fait, il ne leur en enseigne point d'autre. Jamais
on ne relève chez lui la moindre concession au **désir**
de plaire, de flatter les goûts des auditeurs, de
ménager leurs sentiments et leurs préjugés. Il
a réclamé la sainte liberté de la chaire, il en use.

Nous avons caractérisé la prédication de l'abbé
Querbes. Disons de plus que cette même prédication
est le miroir fidèle où la physionomie de l'auteur se
reflète parfaitement. Qualités de l'esprit et du cœur,
dons naturels et surnaturels, franchise, loyauté, finesse
d'observation, justesse de jugement, piété, charité,
zèle, amour passionné de Dieu et des âmes, avec une
prédilection spéciale pour l'enfance, le tout au service
d'une doctrine solide et pure, présentée avec l'autorité que donne la conscience d'être et la volonté de
rester un ministre de Dieu : voilà ce que l'on y découvre
sans peine ; et voilà aussi ce qui nous permet de comprendre le rôle, d'apprécier l'étendue et la profondeur
de l'influence qu'il exerce à Saint-Nizier.

Cependant, pour juger exactement de ce dernier
point, il faut recourir encore à d'autres éléments. La
chaire n'est qu'une partie du ministère sacerdotal,
peut-être la moins importante. A côté de la parole, il
y a l'action ; si la parole pénètre l'action, l'explique

même partiellement, elle n'en est ni le principe, ni la cause suffisante, ni encore moins la mesure. Et d'ailleurs, l'influence de la parole ne se borne pas à la chaire; elle s'exerce aussi, d'une manière souvent plus efficace, dans les entretiens intimes et secrets du confessionnal.

L'abbé Querbes était bien jeune pour remplir le difficile et redoutable ministère de la direction des âmes. Mais il avait les qualités qui y rendent apte. La dignité de sa vie, sa gravité religieuse, son angélique piété conciliaient le respect à sa jeunesse. Il ne venait à l'esprit de personne de lui en faire un grief. De plus, son enseignement si apostolique et si goûté, l'autorité qu'il lui avait acquise, le zèle éclairé et ardent qu'il révélait, lui avaient gagné la confiance des âmes. Pécheurs depuis longtemps éloignés des pratiques religieuses, personnes pieuses dégoûtées du monde et à la recherche d'un état de vie plus parfait : les catégories les plus diverses s'adressaient à lui.

Les pécheurs sont d'ordinaire des indifférents ou des endurcis. Aux premiers, l'abbé Querbes a tant de fois dénoncé l'inconséquence de leur conduite; il a si souvent et si fort secoué leur torpeur, aiguillonné leur lâcheté, qu'il les a attirés à confesse. Quant aux seconds, il fait gronder sur leurs têtes les tonnerres de la vengeance divine. Il les fait trembler devant ces conversions différées *in extremis*, conversions toujours douteuses et qui rendent si incertain notre sort éternel.

Mais si la crainte ébranle les cœurs endurcis, elle les resserre, et l'abbé Querbes voulait avant tout les dilater et les ouvrir. Aussi c'est par la confiance qu'il préparait l'œuvre de la crainte et par la confiance qu'il l'achevait. Avant d'expliquer le *pauci vero electi*, il expliquait le consolant *multi sunt vocati*. Il leur montrait Dieu appelant tous les hommes au salut, Jésus-Christ mourant pour tous, « le Père de famille envoyant dans les carrefours, sur les places publiques, le long des haies, chercher des convives pour le grand festin, Dieu ne voulant la mort de personne mais que tous au contraire arrivent à la connaissance de la vérité ». Enfin, se rappelant sans doute le *Venite omnes* du divin Sauveur et ouvrant à ses auditeurs ses bras avec son cœur, il leur disait :

Venez, pauvres pécheurs que la vue de vos anciennes iniquités jette dans les angoisses; venez, âmes fidèles pour qui le soleil de justice semble s'être éclipsé un instant, vous laissant dans des ténèbres dont votre conscience délicate augmente encore l'horreur; venez vous tous qui avez conçu quelque méfiance sur la certitude de votre salut; venez.

Et il convoquait ainsi tous les pécheurs et les plus grands pécheurs.

Espérez au Seigneur, ajoutait-il, revenez à lui et vous ne serez pas confondus. Tous vos forfaits ne seront qu'une goutte d'eau qui ira se perdre dans la mer immense de la miséricorde divine!...

C'est ce langage avec les sentiments dont il s'inspirait, c'est une conduite en tout conforme à ce langage, c'est un cœur, une vie que l'on savait, que l'on sentait tout entière au service des âmes, qui attiraient à lui les pécheurs. Il les attendait à son confessionnal, où il passait chaque jour plusieurs heures; et quand ils n'y venaient pas, il allait les chercher. Les malades sur-

tout étaient l'objet de ses soins. Il était empressé à leur
apporter les consolations de la religion. Les refusaient-
ils, il ne se décourageait pas ; sa patience, ses bons
offices, sa douceur, unis à ses prières, avaient toujours
raison des résistances. On l'appelle un jour auprès
d'un jeune homme qui se mourait d'une maladie de
poitrine.

— Je ne suis pas ennemi des prêtres, lui dit ce
jeune homme ; j'ai pour ami l'écrivain public du quar-
tier qui a été autrefois curé.

Un malheureux apostat, c'est tout ce que le pauvre
moribond connaissait de la religion. Aussi ne voulait-
il pas entendre parler de confession. L'abbé Querbes
engage avec lui une sainte lutte, le gagne à Jésus-
Christ, et le jeune homme meurt dans les meilleurs
sentiments.

C'est l'abbé Querbes qu'on appelait de préférence,
toutes les fois qu'il s'agissait de ramener à Dieu un
pécheur endurci. Une nuit, raconte le Fr. Clavel, on
frappe à la porte du presbytère.

— Venez vite, Monsieur l'Abbé, un tel se meurt et
refuse de se confesser.

C'était un prêtre apostat qui, pour faire oublier son
caractère, s'était livré à toutes les fureurs de la Révolution. Il s'était fait à Lyon une réputation sinistre : on
comptait par dizaines les victimes qu'il avait envoyées
à l'échafaud. L'abbé Querbes accourt et lui parle des
miséricordes du Seigneur.

— Il n'y a pas de miséricorde pour moi, murmure
le moribond ; je suis un scélérat, un assassin.

— Bien, mon frère, voilà votre confession en bon
train ; continuez, et l'absolution vous purifiera.

— L'absolution ! reprend le malade en se levant sur son séant ; vous pourriez m'absoudre ?

— Oui, mon frère, confiance, continuez.

Le pécheur vaincu se confesse, reçoit les derniers sacrements, et meurt, après avoir versé d'abondantes larmes de componction et de joie.

Ces coups d'éclat de la grâce frappent l'attention. Le prêtre qui en a été l'instrument les publie à la gloire de Dieu et la mémoire les retient. Le ministère ordinaire du confessionnal passe inaperçu. Aucun témoin ne saisit ce qu'un prêtre y dépense de force physique, de patience, de zèle actif et ingénieux. Mais on peut en apprécier les caractères et les résultats par les confidences des âmes qui en ont bénéficié.

Un assez grand nombre de pénitents de l'abbé Querbes éprouvaient le besoin de lui exprimer leur reconnaissance, lui demandaient conseil dans les circonstances difficiles, ou consolation dans les épreuves ; d'autres, frappés par une de ses instructions, ou attirés par sa réputation de vertu, le priaient avec instances de les accepter sous sa direction. Nous avons leurs lettres. Elles témoignent d'une estime, d'une vénération et d'une confiance qui honorent grandement le jeune prêtre. Telle pénitente, entrée au couvent sur ses conseils, loue « son zèle et sa charité », proclame « le grand bien » qu'il lui a fait, le déclare « conduit par l'esprit de Dieu », et « se félicite de l'avoir eu pour guide ». Une autre restée dans le monde « met au nombre des bienfaits de la Providence le bonheur de le connaître et d'être sous sa conduite. » Une troisième, novice au Carmel, soumet à ses « lumières, à sa grande expérience de la direction, les troubles et les difficultés qu'elle éprouve ; elle attend de ses saints conseils le remède assuré » aux maux dont elle souffre. Toutes tiennent équivalemment le langage de l'une d'entre elles :

J'ai toujours été convaincue que la volonté de Dieu ne pourrait mieux se manifester que par ce que vous me conseilleriez ou me commanderiez... Je me promets d'avance cette satisfaction, tranquillité d'esprit et paix du cœur, qui ne m'ont jamais manqué quand j'ai suivi vos avis.

Toutes, qu'elles soient instruites ou ignorantes, dans le monde ou la vie religieuse, sont des âmes simples et droites, sans prétention comme sans feinte, qui vont à Dieu bonnement avec une entière franchise et une parfaite pureté d'intention. Elles ont appris cela de leur directeur. Haine du monde corrompu et corrupteur, amour de la solitude, de la retraite, du recueillement où l'on trouve Dieu, où l'on a plus de facilité pour le prier ; union habituelle avec lui par l'offrande répétée des actions, par l'oraison mentale, l'examen, la visite au Saint Sacrement, par les rendez-vous fréquents dans le Cœur de Jésus ; messe et communion quotidiennes ; humilité, esprit de mortification et de pénitence, abnégation complète de soi par l'obéissance et par l'immolation au devoir : telle est la voie par laquelle il les conduisait. Aucune singularité dans les pratiques de dévotion, aucune nouveauté ; mais le grand chemin tracé par les meilleurs maîtres de la vie spirituelle, à la lumière des principes de l'Evangile.

Cette direction produisit les plus heureux fruits, sans parler des personnes du monde qu'il affermit ou lança dans les œuvres de piété, de charité ou de zèle

— car pour lui « la vocation du chrétien était un engagement à la sainteté »; — il en retira du monde un grand nombre. Saint-Charles, La Trappe et le Carmel de Lyon, la Retraite de Marseille, plusieurs autres couvents reçurent de ses filles spirituelles. A s'en tenir aux seules indications contenues dans les lettres qu'elles lui adressaient, ce n'est pas moins de quinze personnes qui se consacrèrent à Dieu sur ses conseils, pendant les six années de son vicariat à Saint-Nizier. Combien sans doute qui ne lui écrivirent jamais ou dont les lettres se sont perdues!...

Les éléments nous manquent pour apprécier son ministère auprès des jeunes gens. Il nous est permis de conjecturer qu'il ne fut pas moins fécond.

Or, pour être fécond, le ministère des âmes ne va pas sans un grand fonds de charité spirituelle, il en est même l'exercice le plus élevé, et nous venons de voir quel dévouement l'abbé Querbes y dépensa. Mais il pratiqua la charité sous toutes les formes, donnant sans compter son temps, son argent, son activité, le meilleur de lui-même. Les premiers bénéficiaires en étaient naturellement les paroissiens de Saint-Nizier et les traits en abondent. Mais cette charité comme la réputation de l'abbé Querbes franchissent ces limites. On lui écrit de Vienne, de Grenoble, de Besançon, de Paris, d'ailleurs encore, pour lui recommander un brave homme sans situation, une veuve sans ressources, un orphelin, une ouvrière, une apprentie isolée, jeune fille en danger. Et la jeune fille, l'ouvrière, l'orphelin, la veuve trouvent, grâce à l'abbé Querbes, la place, la sauvegarde, l'abri, le soutien désirés. La bourse du pauvre vicaire s'ouvre pour payer la pension de séminaristes plus pauvres que lui. Encore ne connaissons-nous qu'une partie infime des actes de charité de l'abbé Querbes, ceux que la reconnaissance a tenu à proclamer ou que l'humilité du bienfaiteur n'a pu dissimuler.

3. Direction des œuvres paroissiales. Vie intérieure. — Missions.

Dans le domaine des œuvres proprement dites, la trace de l'abbé Querbes à Saint-Nizier ne fut pas moins profonde. La confiance de M. Besson l'avait nommé directeur des confréries. Il les fit prospérer en nombre et en piété. Tous les dimanches il réunissait alternativement hommes et jeunes gens, femmes et jeunes filles, s'efforçant, par des allocutions appropriées, de les pénétrer du véritable esprit de ces associations. Elles jouissaient déjà de faveurs spirituelles, il en sollicita et en obtint de nouvelles de la bonté de Pie VII.

A côté de la Confrérie du Saint-Sacrement, ancienne dans la paroisse, il y avait place pour une Confrérie du Sacré-Cœur. L'abbé Querbes souffrait de cette lacune et il voulut la combler. Dans une de ses notes, juin 1817, on en trouve le projet; puis, sans perdre du temps, passant de la résolution à l'acte, il esquissait les principaux traits de la dévotion au Sacré Cœur; et, quelques mois après, la Confrérie était érigée canoniquement, agrégée à l'Archiconfrérie romaine et solennellement inaugurée le premier vendredi de janvier 1818. Ce jour apporta à l'âme de l'abbé Querbes une grande consolation et une joie dont témoigne le sermon qu'il prêchait le surlendemain, premier dimanche après l'Epiphanie.

Il ne s'agissait plus maintenant que de maintenir la ferveur parmi les associés, en l'organisant pour ainsi dire, et en lui fournissant un perpétuel aliment. On y pourvoit sans retard. Vers la fin de l'année 1818, fut publié, sans nom d'auteur, un livre de 397 pages sous le titre : *Instructions, Exercices de piété, Règlement à l'usage des fidèles associés à la Confrérie du Sacré-Cœur de Jésus, canoniquement érigée dans l'église paroissiale de Saint-Nizier de Lyon.* Est-ce là une œuvre collective de tout le clergé paroissial, ou seulement de deux ou trois vicaires, et où la main de l'abbé Querbes semble manifeste ? Quelle part celui-ci y eut-il ? Ses manuscrits ne nous fournissent aucune indication à ce sujet.

Vers la même époque, l'abbé Querbes fonda, avec l'autorisation et les encouragements de M. Besson, *l'Œuvre de la Providence pour l'éducation gratuite des filles pauvres de la paroisse Saint-Nizier.* L'abbé Querbes, qui en avait été le promoteur, en fut le directeur, et il déploya autant de zèle à lui procurer des orphelines qu'à lui trouver des ressources ; et parce qu'elle procurait à ces pauvres enfants le bienfait d'une éducation chrétienne en même temps qu'un abri et du pain, cette œuvre fut une des plus chères au cœur du bon vicaire. Aux demoiselles patronnesses, aux Sœurs de Saint-Charles, instruments de leur charité, aux enfants recueillies, il donna tout son dévouement.

La Providence et la Confrérie du Sacré-Cœur sont de 1818, seconde année de son vicariat. Elles coïncident avec un ministère des plus actifs, avec les catéchismes, la direction des Confréries et de l'école cléricale, avec de longues heures passées au confessionnal, avec une prédication intense. Où l'abbé

Fac-similé du vœu de Louis Querbes.

Querbes trouvait-il le secret d'une activité si extraordinaire et si féconde ?

Dans sa vie de règle et de prière.

La vie de communauté pratiquée par le clergé paroissial du diocèse de Lyon le dispensait à peu près de tout souci relatif à la vie matérielle. Toute son attention pouvait donc se tourner vers son âme, « disposer en son cœur, jour par jour, les ascensions » par lesquelles on s'élève à Dieu. Prière et travail, l'une, non pas interrompue, mais continuée par l'autre, grâce au recueillement habituel, à la pureté d'intention, au sentiment de la présence de Dieu fidèlement entretenue : telle fut, en abrégé, la doctrine spirituelle qu'il pratiqua, comme il l'enseignait aux autres.

Quant aux moyens choisis par l'abbé Querbes pour devenir de plus en plus le digne ministre du Seigneur, nous pouvons, d'après les résolutions prises par lui, en sa retraite de fin juin 1817, les résumer en ces mots : réserve, garde des sens, modestie, humilité, travail, ferveur. C'est par là qu'il échappait aux dangers nombreux qui guettent le jeune prêtre dans les paroisses des grandes villes; plusieurs traits de sa vie en témoignent, rapportés par des témoins autorisés et qui sont comme le commentaire éloquent de la promesse écrite jadis par l'enfant de dix ans.

Le bonheur des cœurs purs, c'est de voir Dieu; leur récompense, d'exercer autour d'eux la plus douce influence, par le rayonnement et le parfum de leur pureté. Ils possèdent je ne sais quel mélange de charme et d'autorité, qui attire et subjugue. C'est là certainement une des causes de l'extraordinaire fécondité du ministère de l'abbé Querbes à Saint-Nizier.

En moins de deux ans il s'était fait dans la paroisse une situation de tout premier plan, justifiant pleinement la confiance de M. Besson, et gagnant celle des paroissiens qui lui resta toujours fidèle. Comme il était jeune, actif, serviable, c'est à lui qu'on allait de préférence, au risque de froisser la susceptibilité de ses vénérables confrères. Quant à lui, il était trop modeste, trop au-dessus des petitesses de la vaine gloire, pour se prévaloir de cette situation. Aussi jouit-il constamment de la confiance de ses collègues.

Ses supérieurs ecclésiastiques n'apprécièrent pas moins ses mérites. Ils le lui prouvèrent bien au début de l'année 1821.

C'était l'époque où, dans la plupart des diocèses de France, s'organisait l'œuvre si importante des missions intérieures, destinées à ramener les populations, les hommes surtout, à la pratique religieuse si délaissée pendant la Révolution et l'Empire. Paris avait le premier donné l'exemple; Marseille, Lyon l'avaient suivi; et les premières missions produisaient partout des résultats si consolants que chaque évêque voulait avoir son corps de missionnaires. Malheureusement le clergé manquait.

En 1821, l'archevêque de Tours demandait du renfort au diocèse de Lyon plus riche que les autres. Après bien des hésitations on lui promit quatre ou cinq missionnaires, et les vicaires généraux firent choix de l'abbé Querbes. Ses talents, le succès de sa prédication à Saint-Nizier, son zèle et ses vertus le recommandaient suffisamment à leur attention, sans compter qu'il avait encore déployé sur d'autres théâtres des qualités d'un vrai missionnaire.

C'est ainsi que, presque au début de son ministère sacerdotal, il avait accepté l'invitation de M. Durozat, son premier professeur à l'école cléricale, de prêcher aux habitants de Saint-Laurent-de-Chamousset le panégyrique de leur glorieux patron. Le jeune orateur fut écouté avec une religieuse attention; et, profitant de ce premier succès, il tenta d'en obtenir un second.

Il venait d'apprendre que le dimanche suivant, un bal public devait avoir lieu à Saint-Laurent; maire et

préfet avaient donné l'autorisation, tout était organisé
et préparé. Il fallait au moins en détourner ses auditeurs et en prévenir les déplorables effets. Pour cela
le zèle de l'abbé Querbes sut mettre en son discours
des traits d'une véhémence enflammée.

Ses courageuses paroles portèrent leur fruit.
Quelques jours après, M. Durozat pouvait, en féli-
citant et remerciant l'orateur, se réjouir de l'effet
obtenu.

En 1821, nous le voyons, avec l'abbé Dufêtre, son
ami, donner une mission à Irigny, paroisse de la
banlieue de Lyon, dont l'abbé Donnet avait été nommé
curé quelques mois auparavant. Il s'agissait d'apporter
l'apaisement dans les esprits divisés par les luttes
politiques des deux années précédentes. L'effet désiré
fut obtenu : la paix et la concorde y régnèrent depuis
définitivement.

Une autre fois au moins, l'abbé Querbes prêta son
concours aux missionnaires de France pour une mission dans une grande ville de province. Là aussi, il
se révéla comme un entraîneur des foules; là aussi sa
parole amena les pécheurs en grand nombre à son
confessionnal et provoqua de généreuses résolutions.

Ces succès non équivoques, sur des théâtres fort
différents, démontraient chez l'abbé Querbes une
grande souplesse à se plier à tous les auditoires; ils
attestaient éloquemment les ressources et la puis-
sance de sa parole, l'ardeur de son zèle, son talent
d'organisateur et de conducteur d'hommes. Aussi le
signalèrent-ils, en première ligne, à ses supérieurs
ecclésiastiques.

Il fut donc appelé un jour à l'archevêché, où il

apprit tout à la fois de M. Courbon, et la demande de l'archevêque de Tours et le choix que l'administration diocésaine avait fait de lui pour être le supérieur de la mission de Saint-Martin.

Est-ce un ordre qui m'est donné? interroge respectueusement l'abbé Querbes.

— Non, répond le grand vicaire, on a pensé à vous parce qu'on vous a jugé capable de ce ministère, mais vous êtes libre d'accepter ou de refuser.

— En ce cas, je vous prie d'en désigner un autre et de permettre que je reste dans mon diocèse.

On n'insista pas. M. Donnet fut adjoint à l'abbé Dufêtre. Celui-ci est mort évêque de Nevers, celui-là devint le cardinal Donnet, archevêque de Bordeaux.

Le choix si honorable dont le vicaire de Saint-Nizier venait d'être l'objet indiquait nettement que l'administration diocésaine avait des vues sur lui. De fait, on lui confia d'abord, vers le mois d'août 1822, à titre provisoire, le service de la chapelle Saint-Éloi à Saint-Clair. Mais il ne paraît pas avoir quitté Saint-Nizier pour cela. Au reste, ce ministère à Saint-Clair ne dura que deux ou trois mois. Ce que nous en savons, c'est qu'il s'y fit particulièrement aimer des enfants.

Venez voir nos enfants avant leur première Communion, lui écrivaient, en 1823, M. Girin, le curé qu'il avait temporairement remplacé, et M. Mahé, vicaire; venez les voir et leur dire un mot. Ils vous attendent avec impatience. Nous n'avons pu vous faire oublier.

L'abbé Querbes n'avait que vingt-neuf ans. Mais dans son court passage à Saint-Clair, comme dans ses six années de vicariat à Saint-Nizier, il avait déployé un ensemble de qualités qui le désignaient pour la direction d'une paroisse. Ses supérieurs l'y appelèrent, en le nommant à la succursale de Vourles. Sa feuille de pouvoirs est datée du 25 octobre 1822.

L'abbé Querbes laissait à Saint-Nizier sa famille, un souvenir béni, des regrets et des sympathies vivaces. Il dut lui en coûter de rompre les liens si anciens et si forts qui l'attachaient à cette paroisse. Néanmoins il n'hésita pas. Rien sans doute ne lui fera oublier l'église où il avait prononcé, à dix ans, son vœu de chasteté perpétuelle, fait sa première Communion, servi à l'autel pendant sept années consécutives, dit sa première messe, consacré à Dieu les prémices de son activité sacerdotale. Il y reviendra toute sa vie, comme on revient à ses premières affections, avec bonheur, et aussi avec une reconnaissance et une piété filiales. Mais il apportera tout son cœur à ses nouveaux paroissiens.

CHAPITRE V

L'abbé Querbes curé de Vourles.

Derrière des collines aux croupes arrondies, aux flancs couverts de vignes et de pêchers, et marqués de-ci de-là, par des bosquets d'arbres d'où émergent des villas, est assis nonchalamment le petit village de Vourles. Ses maisons se pressent sans ordre le long de quatre ou cinq chemins étroits, raboteux. On y jouit d'un magnifique horizon, très étendu au Sud et à l'Ouest, par delà la petite plaine de Brignais qui s'étend à ses pieds. De tous les côtés sont des clos, propriétés à la fois parc, jardin, verger et vigne, jalousement fermés, où la bourgeoisie lyonnaise vient passer la saison d'été.

Si l'abbé Querbes n'eût regardé qu'à la fertilité et à l'agrément de la campagne, sa nomination à la cure de Vourles l'eût servi à souhait. Mais un prêtre regarde aux âmes, son domaine propre. Or, à ce point de vue, le champ confié à ses soins était une terre en friche et très ingrate. Un petit nombre de familles seulement étaient sincèrement chrétiennes; les autres croupissaient dans l'ignorance religieuse et une incurable indifférence. Chez quelques-unes même régnait une grossière impiété et des préjugés aveugles contre la religion et ses ministres. Dès le début de la Révolution, les Vourlois avaient adopté d'enthousiasme les idées nouvelles. Ils avaient combattu pour elle avec tant d'ardeur, que leur petit bourg, en 1793, reçut le surnom significatif de « Vourles le courageux ». Le consulat en y rétablissant le culte, n'y avait ramené que peu d'âmes à la religion. Quatre prêtres s'y étaient succédé depuis 1804. Mais, soit défaut de zèle, soit apathie ou travers de caractère qui les rendaient peu sympathiques, ils n'avaient fait que peu de bien. Sur un millier d'habitants environ que la paroisse comptait alors, une poignée seulement pratiquaient.

A l'état déplorable des âmes répondait celui de l'église et du presbytère. Au dedans comme au dehors, l'église présentait un aspect lamentable : « On eût dit, écrit le P. Hugues Favre, l'étable de Bethléem. » Le presbytère n'était pas dans un meilleur état. L'abbé Querbes s'y serait résigné volontiers; mais de célébrer les saints mystères dans une église en ruines, de voir l'Hôte divin du tabernacle habiter une demeure si peu décente, c'était pour son cœur de prêtre une douleur tous les jours renouvelée, qu'il ne pourrait longtemps supporter. Ici donc, comme à Saint-Nizier, la tâche était rude, et il était seul.

Si lourde qu'elle dût lui paraître, l'œuvre à entreprendre ne le découragea pas; il savait que Dieu travaille avec ses ministres. La Providence lui avait donné deux amis pour voisins; M. Pater, à Brignais, et M. Montbernier, à Irigny; à défaut de collaborateurs, elle lui fournit, à Vourles, quelques aides dévoués : le maire, M. Magaud; M. Magneval, avocat, homme de bon conseil et de cœur; les demoiselles

Comte, d'une piété aussi éclairée que profonde et sincèrement dévouées.

L'abbé Querbes prit possession de sa paroisse le
31 octobre 1822, et fut installé le lendemain, fête de
la Toussaint. A son premier contact avec ses paroissiens, il fit tomber beaucoup de leurs préventions
contre le prêtre. Ses procédés bienveillants, la droiture de son caractère lui gagnèrent tout de suite la
sympathie et la confiance du plus grand nombre.
L'homme accepté servait d'introducteur à l'apôtre et
le recommandait. Celui-ci se mit à l'œuvre. Le maître
envoyant les Douze à travers le monde leur avait dit :
Docete; il enseigna. Instructions solides et variées
sous forme de catéchismes ou d'homélies, dans lesquelles il passait en revue les vérités de la religion et
les principales obligations de la vie chrétienne ; exhortations courtes et vives, destinées à arracher les âmes
à l'apathie, à leur faire honte ou peur de leur état,
pour les jeter dans les bras de Dieu ; attaques véhé-
mentes contre le goût effréné des plaisirs, contre
les abus **régnants**, contre les idées voltairiennes ou
jacobines, qui présentaient aux esprits égarés une
caricature du christianisme : cet enseignement suivi,
inculqué avec autorité et avec une liberté apostolique,
jailli d'un cœur qui passait tout entier dans les paroles,
porta la lumière dans les âmes de bonne foi. Les femmes
qui formaient la partie la plus saine de la paroisse
furent rapidement conquises. Dès la fin de l'Avent,
il en enrôla un grand nombre dans la **Confrérie du
Rosaire perpétuel**, érigée le 18 décembre 1822. Les
hommes restèrent sourds à sa voix. Cependant, de
quel mélange de force et de douceur, de sévérité et

d'onction ne l'avait-il pas imprégnée, pour pénétrer jusqu'à leur âme!

Le résultat refusé à ses prédications de l'Avent, l'abbé Querbes essaya de l'obtenir par celles du Carême. Cette fois, son zèle fut récompensé; il eut la consolation d'enregistrer un grand nombre de retours à Dieu.

Il me sera très agréable, lui écrivit M. Magneval, d'aller passer demain quelques moments avec vous, de vous féliciter des bons sentiments que m'expriment tous ceux qui ont été témoins des Pâques de Vourles.

L'abbé Querbes ne se flattait pourtant pas d'avoir entièrement converti sa paroisse; mais il avait conquis l'estime et la reconnaissance de tous : il en était le maître.

Tout en s'occupant des adultes, il ne négligeait pas les enfants, cette portion particulièrement intéressante du troupeau confié à ses soins. Tous les jours il les réunissait, leur faisant un de ces catéchismes clairs, animés, vivants et pieux, dont il avait le secret; leur apprenant la liturgie, le chant des cantiques et le plain-chant, qu'il aimait; les attirant doucement à Jésus et à sa Mère. Tous les dimanches, le catéchisme de persévérance avait lieu immédiatement après les Vêpres, afin que les grandes personnes pussent profiter des leçons données à l'enfance et à la jeunesse.

Mais ce qui rendait son ministère difficile et en compromettait les fruits, c'est que les enfants étaient presque dépourvus d'instruction; il devait souvent leur apprendre à lire. L'esprit de foi et le cœur de l'abbé Querbes en éprouvaient de la douleur. Comment régénérer sa paroisse et y faire un bien durable, s'il

ne procurait pas à l'enfance et à la jeunesse le bienfait d'une bonne éducation chrétienne? Il en chercha
immédiatement les moyens. Après d'industrieux
efforts, grâce au concours généreux de plusieurs
familles, en particulier des demoiselles Comte, il lui
fut possible, en 1823, de confier la direction de l'école
des filles à des religieuses de Saint-Charles. Dans
l'impossibilité de se procurer des Frères, il accepta
les services d'un pieux instituteur laïque qui dirigea
son école de garçons. Il avait maintenant, dans ses
deux écoles, les auxiliaires indispensables de son
action sacerdotale. C'était la réalisation d'un de ses
vœux les plus ardents.

En moins de deux ans, à force d'énergie, de patience,
de zèle, de sacrifices et de prières, l'abbé Querbes était
parvenu à relever de ses ruines morales une paroisse
dont ses quatre prédécesseurs n'avaient pu rien tirer.
L'autorité diocésaine eut alors la pensée de lui
confier une mission encore plus délicate : l'ordre, la
paix, l'union à rétablir dans la paroisse de Sainte-
Consorce. Il fallait ici un homme prudent, instruit,
capable de réfuter les mensonges semés par un pasteur
protestant, et de ramener une population égarée. On
crut que personne mieux que M. Querbes ne pourrait
remplir cette mission; on lui proposa et il acccepta.
Cependant, au premier bruit de son changement, les
habitants de Vourles s'étaient émus; quand la nouvelle se confirma, ils allèrent supplier les supérieurs
ecclésiastiques de leur laisser leur curé; l'autorité
céda à leurs prières.

Conservé à sa paroisse, l'abbé Querbes, qui avait
déjà restauré le temple spirituel des âmes, s'appliqua

à la restauration du temple matériel. Dans le courant de l'été 1823, un plan, fut rapidement conçu et vivement poussé. Pour des motifs imprévus, il dut subir un temps d'arrêt. Repris en 1826, il fut exécuté en 1827. L'église subit une entière transformation ; tout l'intérieur : vitraux, autel, chaire, chemin de la croix, en fut renouvelé. La première restaurée depuis la Révolution, l'église de Vourles passait à cette époque, et à bon droit, pour la plus belle de tous les environs. On allait la voir avec admiration et envie des paroisses voisines. Elle fut solennellement bénite le 5 mai 1828 par M⁛ de Pins, archevêque d'Amasie, administrateur du diocèse de Lyon.

Telle fut pendant les six premières années de son ministère à Vourles l'œuvre la plus saillante de l'abbé Querbes. Elle s'accompagna d'une autre, plus discrète mais non moins féconde, au confessionnal ; se compléta par l'exercice constant d'une charité qui prenait toutes les formes pour gagner tous les cœurs ; se prolongea au dehors par le ministère de la parole et par la plume ; et pour que rien ne manquât à sa perfection, elle s'accomplit au milieu des épreuves.

C'était, en somme, la vie apostolique, active, toute de charité et de dévouement, inaugurée à Saint-Nizier et poursuivie ici avec une maturité acquise par l'expérience, un zèle nullement diminué et des initiatives renouvelées. Parmi ces initiatives il en est une bien digne d'être mise en relief.

Nous connaissons le zèle de l'abbé Querbes pour la maison de Dieu, son goût pour les choses liturgiques, pour les cérémonies et le chant divin. Ces dispositions visibles chez lui dès sa première enfance, et qui prenaient racine dans son grand esprit de foi, entretenues et développées pendant son vicariat de Saint-Nizier, se manifestèrent mieux encore en 1825, par la publication d'un recueil de *Cantiques à l'usage des paroisses*. Le but en était tout apostolique et ressort clairement de la préface qui l'annonçait. Étendre et raffermir le règne de Dieu dans les âmes; compléter, prolonger par le cantique l'œuvre de la prédication; présenter un résumé des vérités religieuses, des prières et des pratiques des devoirs du chrétien, avec les charmes de la musique, qui les rend plus attrayants et les grave plus sûrement dans l'esprit et le cœur; arracher la jeunesse aux dangers des plaisirs mondains par les appâts innocents du chant : telle était la préoccupation de l'abbé Querbes, préoccupation unique où l'intérêt et l'amour-propre n'avaient nulle part. En effet, le soin judicieux qui avait présidé au choix des cantiques, les retouches habiles faites à un grand nombre pour les ramener aux règles de la bonne versification et de la langue; enfin ceux qu'il avait lui-même composés : tout cela faisait dire à M. Rusand que c'était le recueil « le meilleur et le plus complet » et donnait bien à l'auteur le droit d'y apposer son nom; or l'ouvrage parut sans aucune signature. Le prix de vente de la première édition était aussi réduit que possible, et pour celui de la seconde édition, l'auteur, à la fin de la préface, demandait humblement « quelque part aux saints sacrifices des pasteurs et aux prières des fidèles qui en feraient usage ».

Le recueil de cantiques auquel il ajouta un répertoire d'airs notés en plain-chant mesuré resta un des amours de sa vie. Il y revint sans cesse, jusqu'à ses dernières années, retranchant, corrigeant, ajoutant, méditant de les publier sous un autre nom, celui de *Lyre paroissiale*, l'enrichissant, à chaque nouvelle édition, de nouveaux cantiques et de nouveaux airs. Ce travail lui avait valu une compétence telle dans le métier que l'abbé Migne lui proposa de se charger d'un *Dictionnaire des Cantiques* dans la *Nouvelle Encyclopédie théologique*. Son âme simple et droite chantait naturellement; rien ne lui faisait perdre sa gaieté, car rien ne troublait son habituelle sérénité.

La contradiction cependant et les épreuves ne lui manquèrent point. Il en trouva à la porte de son presbytère quand il en franchit le seuil. Son cœur souffrit aussi trop souvent de voir que, malgré ses efforts, toutes ses ouailles ne répondaient pas aux industries de son zèle. Les difficultés lui vinrent par moments des personnes qui lui étaient le plus dévouées et des œuvres que sa générosité avait fondées. La Providence elle-même ne lui envoyait-elle pas ses croix! C'est qu'elle afflige ceux qu'elle aime. A Irigny et à Brignais, il avait deux amis, excellents prêtres, à qui il pouvait de temps en temps aller confier ses peines : une mort accidentelle lui enleva brusquement M. Montbernier, en 1826; et M. Pater, au début de 1828, fut transféré de Brignais à Saint-Pierre-de-Vaise. La maladie enfin s'était installée comme à demeure dans sa famille; ses parents, obligés de renoncer à leur commerce, et venus s'installer à Vourles, ne lui apportaient, au lieu de consolations, que des inquiétudes et des soucis nouveaux.

Mais c'est une vérité qu'on s'attache à un lieu dans la mesure où l'on y a travaillé et souffert. Malgré le soin qu'il prenait de vivre uniquement pour Dieu et de tenir son cœur libre de toute affection humaine, des liens nombreux et puissants s'étaient noués entre ses paroissiens et lui. Ces liens avaient failli se rompre une première fois par sa nomination à Sainte-Consorce. Ils furent de nouveau menacés en 1826 et 1827. Reconnaissant ses mérites, l'autorité diocésaine voulut le nommer supérieur du Petit Séminaire de Saint-Jodard. Cette dernière nomination effraya son excessive modestie, et tout en restant soumis, avec une obéissance filiale, aux décisions de l'autorité, il crut devoir faire part de ses craintes à M. Cattet, vicaire général.

Celui-ci lui répondit par une lettre très affectueuse qui ne rassura cependant qu'à demi l'humilité de l'abbé Querbes. Elle lui permettait du moins d'attendre la confirmation de cette nomination qui, en réalité, ne vint pas. Pour la seconde fois, Dieu, modifiant les dispositions de ses supérieurs, le maintenait à Vourles, juste au moment où il était sur le point de partir. C'est que, apparemment, sa tâche providentielle n'y était pas finie, et nous aurons à raconter comment il la continua.

Cependant, le curé de Vourles passera désormais au second plan de ce récit; sans détourner de lui nos regards, nous ne le verrons plus qu'incidemment. Le fondateur et le premier Supérieur général de l'Institut des Clercs de Saint-Viateur attirera principalement et retiendra notre attention.

DEUXIÈME PARTIE

Fondation de l'Institut
Approbations. — Organisation

CHAPITRE PREMIER

Origines de l'Institut. — Approbation royale.

Ce fut vers la fin de l'année 1826 que le fondateur des Clercs de Saint-Viateur conçut le premier dessein de son Institut. « L'idée lui en vint, a-t-il écrit lui-même, en présence de Dieu, comme une inspiration », mais au lieu de s'y livrer tout de suite, il y réfléchit, l'étudia encore pendant plusieurs années, car si elle répondait à son zèle et n'effrayait pas son courage, elle inquiétait son humilité qui se croyait indigne d'une telle mission et craignait de se faire illusion.

C'est aussi de cette époque que date le choix du protecteur qu'il rêvait de donner à sa future Société. En récitant l'office, il rencontrait chaque année au propre du diocèse de Lyon la vie d'un jeune saint dont les fonctions auprès de son évêque dans la vieille primatiale des Gaules l'avaient singulièrement frappé. Non moins impressionné par les rares vertus du jeune lévite, l'humilité, la piété, l'attachement profond pour son saint évêque, il résolut d'en faire le patron de son Institut, le modèle de ses futurs disciples. C'était saint Viateur.

Saint Viateur vécut vers la fin du IVe siècle. « Ce fut un enfant d'un excellent caractère » et, ajoute un document fort ancien, « un très saint jeune homme, *sanctissimus juvenis* ». Il servait à l'autel et fut élevé à l'ombre du sanctuaire par le clergé de Lyon.

La précocité de ses vertus le fit distinguer de bonne heure, et « très aimé de son évêque saint Just à cause de ses éminentes vertus », dit le Bréviaire, il fut élevé, jeune encore, au rang de lecteur. Il s'acquitta excellemment de ses fonctions qui avaient alors une grande importance; les ministres sacrés les remplissent eux-mêmes aujourd'hui. Tout en se perfectionnant dans l'étude des saintes Lettres qu'il lisait au peuple chrétien, il enseigna le catéchisme aux enfants, et sa conduite très pure fut toujours un commentaire vivant de la parole qu'il publiait.

L'évêque saint Just, ayant secrètement renoncé à son siège et résolu de se retirer au désert pour y mener une vie pénitente, son lecteur familier, saint Viateur, fut, par l'effet d'une confiance qui honore extrêmement son jeune âge, le confident de ses projets. Admirable de renoncement et de fidélité, cet adolescent rejoignit son évêque sur le point de s'embarquer pour l'Orient et obtint la faveur de l'accompagner dans l'exil. C'était en 381. Résolus à rester inconnus, avides de perfection, ils se dirigèrent vers l'Égypte où les vertus monastiques brillaient alors d'un si vif éclat ; ils s'enfoncèrent, d'après la tradition, dans la solitude de Scété et s'y firent remarquer par leur vertu au milieu de fervents anachorètes.

Cependant, un voyageur les reconnut, signala leur retraite, et un saint prêtre de Lyon, Antiochus, vint les y rejoindre après un voyage dont saint Just, par un esprit prophétique, avait prédit à Viateur les étapes et le terme. Sur le point de mourir, le saint évêque dit au lecteur qui pleurait près de lui :

— Ne vous attristez pas, mon fils ; dans peu de jours vous me suivrez.

C'était le 14 octobre de l'an 390. Viateur rendit lui-même son âme à Dieu sept jours après. Revenu à Lyon, Antiochus raconta leur vie admirable de prière, de contemplation, d'humilité et d'austérité. Il y ajouta le récit de leur pieuse mort... Les Lyonnais réclamèrent leurs reliques ; une délégation passa les mers et rapporta ces restes vénérés que le peuple reçut en triomphe, et qui furent dans la suite singulièrement vénérés dans une église dédiée à saint Just.

Tel est le saint que, dès cette année 1826, le P. Querbes songeait déjà à donner comme patron et modèle à ses clercs. A vrai dire Dieu avait semé en lui depuis longtemps les germes de cette idée de fondation. Ses regrets de séminariste qui, parmi les destructions de la Révolution, allaient surtout aux Congrégations vouées à l'enseignement de l'enfance et de la jeunesse ; ses aspirations à la vie religieuse qu'il

avait été un moment sur le point de réaliser ; son
éducation sous un maître comme Deplace, ses succès
dans le professorat et dans la direction de l'école cléricale de Saint-Nizier ; sa sollicitude affectueuse pour
les enfants ; son attention constamment tournée vers
les questions d'enseignement ; le projet d'établir un
jour des *Missionnaires catéchistes* dont il avait fait
confidence à son jeune collègue, l'abbé Magnaud :
tout cela était un indice non équivoque de sa vocation,
tout cela trahissait l'action mystérieuse par laquelle
Dieu le préparait à son rôle providentiel. Cultivés par
sa fidèle correspondance à la grâce, ces germes ne
pouvaient manquer d'éclore. Les circonstances les
y aidaient.

En 1826, l'enseignement primaire en France, surtout dans les campagnes, était dans un état lamentable. De ce qui existait avant 1789 : écoles, maîtres,
traditions et méthodes, la Révolution avait tout
renversé, sans rien édifier de solide à la place. Des
rapports prétentieux, des projets en l'air, des réformes
pompeusement annoncées et qui jamais n'aboutis-
saient : à cela s'était réduit en matière d'enseignement
primaire le bilan des œuvres des assemblées révolutionnaires et du Directoire. Le Consulat et l'Empire
n'avaient guère fait davantage. Le décret du 7 mars
1808, qui organisa l'Université, ne s'occupait pas des
écoles primaires. Pendant les Cent-Jours, le décret
du 27 avril 1815 introduisait l'absurde méthode de
l'enseignement mutuel, qui confiait jusqu'à mille
élèves à un seul maître. De tous côtés on demandait
que l'enseignement fût remis aux mains du clergé
comme avant la Révolution. Malgré toutes ses sym-

pathies pour la religion, la Restauration ne sut pas faire droit aux réclamations de l'opinion publique. Deux ordonnances, celles du 29 février 1816 et du 8 avril 1824, résument et caractérisent son œuvre. Elles ne remédièrent nullement au malheureux état de choses créé par la Révolution : aussi, mauvaise organisation des écoles, rareté et condition précaire du personnel enseignant, tel est le premier spectacle qui affligeait le cœur de l'abbé Querbes.

Un second lui était encore plus sensible, celui de l'ignorance où restaient la majorité des enfants, et des dangers auxquels cette ignorance exposait leur foi et leurs mœurs ; celui aussi de l'opposition ouverte ou sournoise que les instituteurs, en trop d'endroits, faisaient à leurs curés ; celui des ravages qu'exerçaient peu à peu les idées libérales et voltairiennes, dont ils étaient les propagateurs plus ou moins conscients. C'était là surtout ce qui faisait saigner son âme de prêtre. Il avait constaté ce mal, il en avait souffert, dès son arrivée à Vourles. Son zèle heureusement y avait remédié tout de suite. Mais autour de lui ses confrères en gémissaient impuissants. Que de fois il avait recueilli leurs plaintes, entendu l'expression de leurs vœux ardents, appelant à leur secours des maîtres chrétiens ! Que de fois, comme sa discrétion nous le laisse entendre, il avait porté l'écho de ces plaintes au pied du saint autel, devant le tabernacle ! Que de fois il avait exposé à Dieu la détresse des petits enfants demandant du pain, alors qu'il n'y avait personne pour le leur rompre !

C'est au prêtre, sans doute, que Jésus-Christ a confié le soin de distribuer aux enfants comme aux adultes

le pain de la doctrine ; mais cette importante mission,
le prêtre ne peut la remplir seul. Il lui faut des collaborateurs qui la remplissent en son nom, sous sa
direction et son contrôle. Il lui faut des catéchistes.
De plus, comme la décence du sanctuaire, la bonne
exécution du chant et des cantiques la font même
pénétrer plus efficacement dans l'âme, par les yeux
et l'ouïe, que la prédication proprement dite, il a besoin
de trouver dans ses catéchistes, des sacristains, des
chantres, des auxiliaires pour l'accomplissement des
fonctions liturgiques et l'administration des sacrements.

Procurer aux prêtres, aux curés des campagnes
principalement, ces collaborateurs à la fois instituteurs
et sacristains, ne vivant pas seulement à côté du clergé
paroissial et en bonne intelligence avec lui, mais de
son esprit, parfois même de sa table et sous son toit,
pour le seconder dans toutes les fonctions de son
ministère qui n'exigent pas les ordres sacrés : tel est
le but que l'abbé Querbes se proposa d'atteindre ; telle
est l'idée qui prit corps dans son esprit à l'automne
de 1826.

Deux ans plus tard, après s'être convaincu qu'elle
venait de Dieu, il la soumit humblement à ses supérieurs ecclésiastiques. M⁣gr d'Amasie goûta le projet.
Mais, absorbé alors, comme tous ses collègues de l'épiscopat de France, par d'autres préoccupations, il se
borna, après l'avoir agréé, à charger M. Cattet de le
suivre.

Ce vicaire général, ancien professeur du curé de
Vourles au Séminaire de Saint-Irénée, le tenait en
haute estime. Il entra tout de suite dans ses vues, et

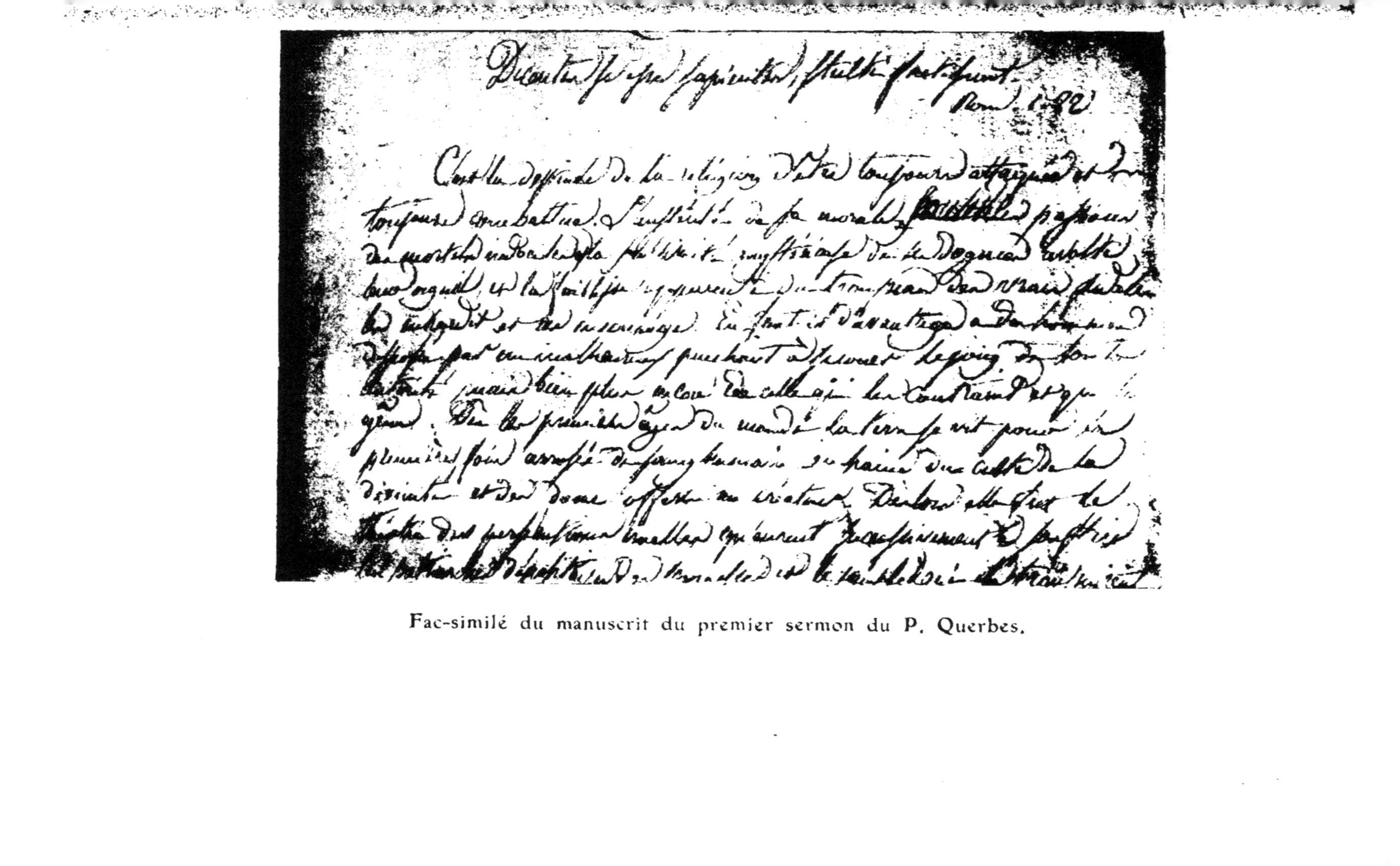

Fac-similé du manuscrit du premier sermon du P. Querbes.

pour lui en faciliter la réalisation, il lui fit une proposition : prendre la direction du Petit Séminaire de l'Argentière, ou s'adjoindre à l'abbé Vincent Coindre, que la mort prématurée de son frère André laissait à la tête de l'Institut des *Frères du Sacré-Cœur*, fondé en 1821. Ces propositions prouvaient l'intérêt que prenait le vicaire général au projet de l'abbé Querbes. Celui-ci ne crut pas cependant pouvoir les accepter. Cette combinaison s'éloignait trop de sa première idée. Le curé de Vourles avait déjà une école paroissiale et, dans son presbytère, une école cléricale dont il était le seul professeur. On lui donnerait un séminariste pour le seconder; avec ce concours et celui de l'instituteur, il commencerait modestement l'exécution de son projet : voilà ce qui fut décidé, et aussitôt après réalisé dans les derniers mois de 1828.

Le P. Querbes gardait donc ses idées et, les ayant formulées en un projet, il en présenta les statuts principaux à Mgr de Pins. Mgr d'Amasie accueillit ce projet comme quelques mois auparavant il en avait accueilli l'ébauche avec une bienveillance froide. M. Cattet, au contraire, et plusieurs autres membres du Conseil archiépiscopal l'approuvaient hautement. Ils pressèrent même l'auteur d'en hâter l'exécution, en sollicitant au plus tôt l'autorisation civile nécessaire pour le fonctionnement légal de l'œuvre. Fort de cette approbation et de ces encouragements, l'abbé Querbes ne perdit pas une minute. Il rédigea aussitôt deux requêtes dont il adressa l'une à Mgr Feutrier, ministre des affaires ecclésiastiques, et l'autre à M. de Vatimesnil, ministre de l'Instruction publique. Comme il s'agissait d'une association charitable en faveur de l'enseignement primaire, l'affaire était uniquement du ressort du ministre de l'Instruction publique et fut évoquée par lui seul. Or, dans ce ministère, régnaient de fortes préventions contre le clergé et les institutions religieuses. Pour toute réponse, le projet fut retourné au curé de Vourles pour que celui-ci ajoutât aux statuts fondamentaux de son œuvre la rédaction intégrale des statuts secondaires.

Cette réponse surprit un peu l'abbé Querbes, mais ne le déconcerta pas. Quatre jours après, il avait rédigé le travail demandé et l'adressait sans retard à Paris. Statuts et requête revinrent à Vourles, mais avec des annotations marginales et des remarques qui faisaient présager un échec définitif.

Cette fois encore, l'abbé Querbes ne se découragea pas. Invoquant une ordonnance du 13 décembre 1823, il dresse un nouveau projet d'autorisation et de statuts parfaitement conforme à celui relatif à une société similaire déjà approuvée, et annonce au ministre, M. de Vatimesnil, qu'il aura l'honneur de lui demander prochainement une audience. Les objections qu'on faisait à quelques-uns des articles de ses statuts ne tiendraient pas devant ses explications verbales.

Le P. Querbes communiqua donc à Mgr l'archevêque et aux vicaires généraux son idée de voyage à Paris ; il proposa et fit agréer pour le remplacer un jeune prêtre fort distingué, originaire de Vourles, l'abbé Pompalier, le futur évêque missionnaire de l'Océanie ; puis, muni d'une autorisation régulière, et accompagné des meilleurs vœux de M. Cattet pour le succès de ses démarches, il partit entre le 20 et le 25 juillet. Reçu le 1er et le 2 août par M. de Vatimesnil, il n'eut pas de peine à dissiper ses préventions, d'ailleurs mal fondées. Enfin, le 8 août, le Conseil royal de l'Instruction publique approuva les *Statuts des Écoles de Saint-Viateur*. La cause était gagnée. La confiance du curé de Vourles était arrivée à ses fins. Il pouvait rentrer dans sa paroisse content et reconnaissant envers Dieu du succès obtenu.

Cette joie fut bien tempérée par quelques **épreuves**. Mais, supportées vaillamment par le pieux fondateur, celles-ci devinrent pour lui la source de nouveaux mérites, couronnés dès le 10 janvier 1830, par l'Ordonnance royale qui autorisait l'*Association des Écoles de Saint-Viateur* et dont voici l'article Ier :

Charles, par la grâce de Dieu, roi de France et de Navarre, à tous ceux qui ces présentes verront, salut...

ART. Ier. La Société que le sieur Querbes se propose d'établir sous le titre *d'Association de Saint-Viateur* et dont le chef-lieu sera établi dans la commune de Vourles, département du Rhône, est autorisée comme Association charitable en faveur de l'instruction primaire, aux termes de l'article 36 de l'Ordonnance du 29 février 1816.

Signé : CHARLES.

D'un mot seulement, disons qu'au milieu de ses multiples travaux, préoccupations et démarches, l'abbé Querbes avait encore trouvé le temps d'écrire la *Vie de Dom Augustin de Lestrange, abbé de la Trappe*. Ce travail, aussi attachant qu'édifiant, parut en septembre 1829, sans nom d'auteur.

CHAPITRE II

Approbation de l'archevêque.

1. L'Institut.

L'Ordonnance royale rendait légale la fondation de l'*Association de Saint-Viateur*; mais qu'aurait servi à celle-ci de naître si l'Église, par l'organe de Mgr l'archevêque administrateur de Lyon, lui avait refusé le baptême, et si, d'autre part, le courage de l'abbé Querbes se fût brisé en face des multiples épreuves qui allaient chaque jour se rencontrer sous ses pas? Heureusement son esprit de foi le soutint et lui fit surmonter tous les obstacles.

La plus dure assurément de ces épreuves lui vint des dispositions actuelles de l'archevêque à son égard. Dès son retour de Paris, en août 1829, l'abbé Querbes avait déjà constaté un brusque revirement dans l'attitude du prélat. La sympathie froide avait fait place à une opposition irréductible. Mgr d'Amasie lui reprochait d'avoir agi sans autorisation, d'avoir fait trop de concessions à l'Université, d'avoir supprimé les vœux, d'avoir conservé les agrégés, et d'introduire dans son diocèse une concurrence nuisible à d'autres établissements.

Dans un mémoire calme, respectueux et ferme tout

à la fois, du 2 novembre 1829, qu'il terminait en protestant de la « soumission la plus profonde à ce qu'il
plairait à Sa Grandeur de décider », l'abbé Querbes
n'avait pas eu de peine à répondre victorieusement
à tous les griefs formulés contre lui. Dissipa-t-il aussi
toutes les préventions que l'archevêque administrateur avait conçues contre l'œuvre du curé de Vourles?
Il est permis d'en douter, car on lui fit défense d'en
préparer l'exécution ; on lui permettait seulement de
continuer la petite école normale qu'il avait ouverte
l'année précédente dans son presbytère, et pour le
seconder, M. Gardette, supérieur du Séminaire, lui
fournissait l'aide d'un jeune sous-diacre.

Heureusement des amis travaillaient pour lui. La
copie de l'acte royal lui était parvenue le 25 février 1830.
L'ayant communiquée à son ami M. Magneval, maire
de Vourles, celui-ci en donna immédiatement connaissance à l'administration diocésaine. Mᵍʳ d'Amasie
était absent. M. Barou, premier vicaire général, con-
voque ses collègues. Le Conseil entend lecture de
l'*Ordonnance royale* et du *Règlement intérieur* qui
l'accompagnait, et s'intéresse vivement à l'œuvre.
M. Magneval en fait voir l'opportunité, l'urgence ; il
montre l'intérêt qu'il y aurait à agir immédiatement,
afin d'obtenir que l'école modèle officielle d'instituteurs
ne fût pas fondée séparément, mais jointe à celle de
M. Querbes. La démarche toute spontanée de M. Magneval n'engageait point le curé de Vourles ; on voulut
l'entendre avant d'écrire à Monseigneur.

Sur les explications qu'il fournit, MM. Barou, Cholleton et Cattet furent d'avis de profiter sans retard de
l'ordonnance, et M. Barou écrivit à Mᵍʳ d'Amasie pour

lui demander de lever son opposition. Le prélàt céda un peu à la prière de son vicaire général, et le 27 mars, celui-ci pouvait écrire au curé de Vourles :

Monseigneur a enfin consenti à ne point s'opposer à l'exécution de l'ordonnance qui autorise les Frères de Saint-Viateur.

Cette concession évidemment réjouit l'abbé Querbes ; il lui fallait pourtant davantage. Aussi dès le retour de Mgr d'Amasie à Lyon, le curé de Vourles lui adressa-t-il, avec une copie des statuts religieux de l'Association, une nouvelle supplique dans laquelle, après l'avoir remercié d'une première faveur qui suffisait pour un essai, il lui exprimait l'espoir qu'un jour Sa Grandeur en joindrait une plus étendue, celle de sa protection et de sa bénédiction.

La première démarche faite par l'abbé Querbes après cette supplique, pour commencer l'exécution de son œuvre, fut une circulaire au clergé du diocèse. Cet appel ne pouvait manquer d'être entendu. Une foule de curés de campagne désiraient des instituteurs chrétiens et n'en trouvaient pas. Malheureusement l'heure était peu propice. La Chambre avait été dissoute le 16 mai ; les élections eurent lieu le 25 juin et le 3 juillet, au milieu d'une grande effervescence des esprits. Quelques jours après, c'étaient les Ordonnances du 26 juillet, puis les journées révolutionnaires des 27, 28 et 29, l'abdication de Charles X et l'avènement du duc d'Orléans (9 août) sous le nom de Louis-Philippe.

Cette révolution de 1830 eut à Lyon et dans tout le diocèse, surtout au point de vue religieux, un reten-

tissement considérable et qui dura deux ans. L'âme
sereine du curé de Vourles n'en fut ni ébranlée ni
troublée, mais l'exécution de son projet en fut retardée.
Cependant l'abbé Querbes ne resta pas inactif ; il
rédigea et fit approuver par le recteur de l'Académie
un *Règlement-type* pour ses écoles paroissiales pro-
jetées. Il médita devant Dieu le plan de son œuvre,
en précisa les détails dans son esprit, prévit et prépara les moyens pratiques de l'exécuter. Il usa aussi
de son autorité pour maintenir la paix parmi ses
paroissiens, et, grâce à lui, le changement de municipalité s'opéra sans troubles.

A peine se serait-il aperçu de la Révolution de
Juillet dans sa petite paroisse, si M. Magneval,
malade et déjà avancé en âge, n'avait pris la résolution de se retirer à Lyon. Les lettres par lesquelles
il annonçait à son ami sa détermination semblent
écrites avec des larmes :

Comment vous faire mes adieux ? Ma plume se refuse
à tracer ce triste mot. Ma femme a voulu aller chez vous ;
les jambes lui ont chancelé... Hélas ! oui, nous quittons
Vourles d'où j'avais cru prendre pied pour l'éternité ;
mais la Providence veut que nous cherchions ailleurs
le point de notre départ. Il faut acheter le ciel par des
épines, des privations, par la croix, notre étendard. Je
l'emporte, cette croix, et je sens qu'elle fait dans ma
chair une blessure profonde ; mais quand on a la foi,
c'est une blessure qu'on chérit et qui console. J'espère,
en vous quittant, qu'une sympathie vive et active vous
rapprochera de nous, qu'elle vous répétera que dans
cette ville, où vous avez à si bon droit acquis tant d'amis,
il en est qui peuvent, par leur sentiment d'estime, d'attachement et de respect, être comptés parmi les plus
sincères ; vous les chercherez pour leur bonheur.

On voit une fois de plus, par cette citation, quelles fortes sympathies inspirait l'abbé Querbes aux âmes qui entraient en contact avec lui, et à quelle hauteur de sentiment il les élevait.

Quelque temps après le départ de M. Magneval, Dieu lui demanda un autre sacrifice. Il lui prit sa mère, le 24 février 1831. Comment et dans quelles circonstances? Nous l'ignorons. Pas un mot de sa plume ne l'indique; pas un soupir à des confidents humains ne trahit sa douleur; il la versa tout entière dans le sein de Dieu. Son père était mort en 1829. Le décès de ses parents, l'éloignement de M. Magneval, c'était la rupture de liens puissants qui le retenaient à Vourles, et dont il s'était plaint un jour dans la crainte que la nature ne leur cédât trop et qu'ils ne fussent un obstacle à sa sanctification et aux fruits de son ministère. Maintenant qu'ils s'étaient brisés, ses scrupules devaient disparaître, et son zèle s'attacher plus que jamais à ce coin de terre, où il lui restait à faire une si grande œuvre. Ce fut juste le moment où ses supérieurs lui proposèrent un changement.

En effet, le 9 mars 1831, M⁹ʳ de Pins le désignait pour l'importante cure de Bourg-Argental, et le même jour, il présentait « à l'agrément de Sa Majesté » la nomination de M. Querbes, curé de Vourles.

Tous les amis de celui-ci, tous ceux qui le connaissaient, sauf ses paroissiens, se réjouissaient de cet avancement mérité et en espéraient d'heureux résultats. Lui seul pourtant restait fort perplexe, car il voyait dans ce changement de nouvelles difficultés à surmonter pour la réalisation de ses projets. Une foule de raisons lui présentaient son œuvre comme désormais impossible. Mais au dedans de lui, une voix lui disait d'espérer. Il pria, il agit, il espéra...

Tandis que le gouvernement de Louis-Philippe faisait attendre sa réponse, l'abbé Querbes se tourna de nouveau vers Monseigneur et lui écrivit la lettre suivante pendant l'été de 1831 :

Daignez permettre que le soussigné se jette aux pieds de Votre Grandeur, pour solliciter la décision qui donnera la vie aux catéchistes paroissiaux dont les conjonctures actuelles font sentir encore plus le besoin... En approuvant cette œuvre de zèle, si appropriée aux malheureux temps où nous vivons, Votre Grandeur arracherait en peu de temps à nos ennemis la direction des écoles que l'on s'efforce de ravir au ministre du Dieu qui a dit : *Sinite parvulos venire ad me;* elle aurait un Petit Séminaire de plus qui serait une pépinière de clercs, de syncelles pour les curés, de sujets propres à soutenir dans un ordre inférieur, toutes les bonnes œuvres du diocèse, Votre Grandeur n'a plus à redouter le contact avec l'Université, les conditions spéciales d'approbation de cette association étant devenues communes à toutes les institutions religieuses.

Plein de confiance en la Providence divine, et espérant contre toute espérance, quoique privé de tous moyens humains, le soussigné ne vous demande que votre bénédiction, avec la permission de travailler à cette œuvre, dans l'ombre, sous votre direction.

De son côté, Monseigneur, qui semblait sourd à cet appel, écrivait au ministre des Cultes, une première fois, pour lui exprimer son étonnement de n'avoir encore reçu aucune réponse sur la nomination de M. Querbes à la cure de Bourg-Argental; une seconde fois, pour répondre aux faits imaginaires reprochés au curé de Vourles. Rien n'y faisait, le gouvernement refusait et il maintenait son opposition.

L'archevêque alors proposa à l'abbé Querbes une autre cure, celle de Tarare; mais, vers le 15 octobre, parvint à Lyon le refus définitif du gouvernement d'agréer le desservant de Vourles. Devant le parti pris évident du pouvoir civil, l'administrateur de Lyon craignit de s'exposer à un nouvel échec en nommant l'abbé Querbes à Tarare, et se contenta de lui donner avis du refus gouvernemental.

Ce refus, la date où il lui était notifié, le 21 octobre, fête de saint Viateur, parurent providentiels au curé de Vourles.

Une personne pieuse, a-t-il écrit discrètement, favorisée en plus d'une occasion de grâces extraordinaires, l'avait averti, trois mois d'avance, qu'il ne sortirait pas de Vourles.

La prédiction se justifiait.

Le curé de Vourles avait aussitôt pris la plume pour faire remarquer à Monseigneur cette coïncidence, et renouveler ses instances en faveur de ses projets. Quelques jours après, le 3 novembre, M. Barou se donnait le plaisir d'informer l'abbé Querbes que l'archevêque, ayant réuni son Conseil, *approuvait et agréait, en ce qui le concernait, l'Institution des Clercs de Saint-Viateur.*

Le 3 novembre 1831 est donc la date exacte de la naissance des Clercs de Saint-Viateur. Le fondateur en fut informé le lendemain; le 5 au matin, il fit personnellement la profession, et le 11 il reçut celle de ses premiers Clercs, les FFr. Magaud et Liauthaud.

2. Les Statuts et le Cérémonial.

La décision épiscopale avait donc approuvé et béni l'institution des Clercs de Saint-Viateur, et fort de cette bénédiction, l'abbé Querbes s'était mis à l'œuvre pour réunir ses premières recrues, organiser sa maison de formation, puis fonder ses premières écoles. L'archevêché suivit avec intérêt ces débuts et se montra pleinement satisfait. Il était aussi reconnaissant au P. Querbes de l'activité et du zèle qu'il déployait pour munir ses premiers ouvriers de tous les instruments de succès. Dès 1830, le curé de Vourles avait fait approuver par le recteur de l'Académie de Lyon et imprimer une *Méthode de lecture* à l'usage des élèves, avec conseils pratiques à l'usage des maîtres. Il présenta d'autres manuels, notamment une arithmétique. Plus soucieux encore de pourvoir aux intérêts religieux de ses sujets, il leur traçait des statuts et des règles.

Au début de 1832, il avait soumis à Mgr de Pins un plan détaillé de son institution. Et l'archevêque lui faisait répondre, le 4 avril, que « sans avoir l'intention d'approuver ce plan le Conseil en autorisait l'auteur à le faire exécuter, sauf les endroits notés ». Ces points qui demandaient réflexion et faisaient désirer les leçons de l'expérience se rapportaient principalement aux engagements à prendre par les Catéchistes et au cérémonial de leur réception. Mais dès lors, toute prévention était dissipée dans l'esprit de l'archevêque : il voulait l'œuvre; il avait chargé M. Cholleton de la diriger; son approbation était sagement différée, elle n'était plus douteuse.

En attendant, l'administration diocésaine et Monseigneur lui-même lui donnaient des preuves non équivoques de dévouement et du vif intérêt qu'ils prenaient à son Institut. Enfin, à la date du 11 décembre 1833, l'abbé Querbes reçut de M. Montagnier, provicaire général, la lettre suivante :

Le Conseil de Mgr l'archevêque, après avoir pris lecture de votre lettre du 7 décembre, vous donne l'option de continuer le régime provisoire selon lequel votre institution est dirigée, ou d'admettre purement et simplement les modifications prescrites dans sa première séance. Les statuts des Catéchistes ne seront approuvés qu'à cette condition.

Les modifications exigées par le Conseil archiépiscopal ne touchaient pas à l'essence de l'Association. Elles en respectaient la fin, la règle de vie, la composition, l'organisation, le mode de direction, tout ce qui en faisait l'originalité et la raison d'être. Elles se rapportaient presque uniquement au chapitre deuxième des statuts : *Engagement*, marquaient avec plus de précision la nature et l'étendue du lien religieux des deux catégories de Catéchistes et les rattachaient plus étroitement à l'autorité diocésaine. Fidèle à son plan primitif, le P. Querbes s'en tenait au type d'une confrérie dont tous les membres avaient d'abord les mêmes droits et en faisaient partie au même titre. La distinction entre Confrères et Frères ne commençait qu'après un certain temps passé dans l'Association, les premiers restaient liés au directeur par une simple promesse d'obéissance ; les seconds s'engageaient alors à la pratique des conseils évangéliques par un vœu privé.

Malheureusement la rédaction exigée par l'archevêque pour les articles relatifs à l'engagement contenait quelques dispositions qui semblaient dangereuses à l'abbé Querbes. Ainsi tous les catéchistes faisaient leurs vœux à l'archevêque en premier lieu ; ils en étaient relevés par lui directement, sans recourir à l'intermédiaire du directeur. De là pouvaient naître bien des difficultés intérieures. Les Catéchistes Confrères, au lieu d'être simplement invités et amenés peu à peu à la pratique des conseils évangéliques, s'y engageaient dès le début par un vœu de dévotion. Les Catéchistes Frères se liaient tout de suite par un vœu perpétuel. N'était-ce pas attacher un trop lourd fardeau sur les épaules des uns et des autres, trop présumer des forces humaines et de l'efficacité de la grâce ? Si Dieu favorisait le développement de la Société, les évêques des diocèses où ses membres seraient appelés ne prendraient-ils pas ombrage de vœux faits à l'archevêque de Lyon ? Ne voudraient-ils pas, à leur tour, que les Catéchistes employés dans leur diocèse ne relevassent que de leur autorité ? Le P. Querbes prévoyait ces dangers, et l'événement prouva qu'il voyait juste. Mais, se trouvant en présence d'une sorte d'ultimatum et s'en rapportant à la sagesse de M. Cholleton, pour relâcher plus tard de cette première rigueur, si l'expérience le demandait, il fit complètement abstraction de ses vues personnelles et souscrivit à toutes les exigences du Conseil archiépiscopal. Mgr de Pins apposa son approbation aux statuts, à la date du *11 décembre 1833*.

L'œuvre du P. Querbes avait maintenant un fondement canonique, un peu étroit sans doute, mais suffisant. Double encore, c'est-à-dire tout à la fois Confrérie et Congrégation, elle cesserait un jour d'être Confrérie pour ne garder que le second caractère. Mais à part cet élément caduc, elle possédait alors tous les traits principaux qu'elle a conservés. A côté et au-dessous des Catéchistes, elle fait une place aux Aides-temporels ; parmi les Catéchistes, elle admet des clercs proprement dits et rien ne s'oppose à ce qu'elle y admette des prêtres ; en attendant elle est gouvernée par des prêtres, le *directeur* et son *vicaire* devant être revêtus du sacerdoce.

L'habit ecclésiastique, avec le petit collet blanc au lieu du rabat, n'est encore accordé « qu'à ceux d'entre les Catéchistes qui auront reçu de l'Ordinaire la permission de faire les fonctions de clercs paroissiaux ». Mais un besoin d'uniformité le fera bientôt accorder à tous les Catéchistes formés. Bref, telle qu'elle sortit des délibérations du Conseil archiépiscopal, l'*Association des Clercs de Saint-Viateur* restait perfectible dans les détails, elle était constituée dans son ensemble ; et la Congrégation diocésaine se retrouvera tout entière, sauf des variations accidentelles, dans la Congrégation de droit pontifical de 1838. Ce sera la même personne à deux âges successifs ; il n'y aura entre elles d'autre différence que celle de l'enfance à la jeunesse.

Les statuts approuvés appelaient un complément : le cérémonial. Le P. Querbes s'en était déjà occupé avec ce goût particulier de la liturgie qui est une de ses caractéristiques. Il y mit la dernière main et soumit son travail au Conseil épiscopal. Mgr de Pins l'approuva le 27 février 1834. En communiquant au P. Querbes la décision archiépiscopale, Mgr Montagnier, qui n'était pas prodigue de compliments, ne put s'empêcher de lui dire :

— Je vous félicite d'avoir terminé tous ces règlements à notre satisfaction.

Bénie et enrichie d'indulgences par le Saint-Père, approuvée par l'autorité diocésaine, pourvue de sa règle de vie et de tous les organes essentiels, l'Association des Catéchistes paroissiaux de Saint-Viateur pouvait désormais se promettre l'avenir.

CHAPITRE III

Approbation du Saint-Siège.

Approuvée par le gouvernement et par l'autorité
ecclésiastique, pourvue dans l'intervalle de sa règle
de vie et de ses organes essentiels, *l'Association des
Clercs paroissiaux de Saint-Viateur* n'avait pourtant
pas atteint le terme des aspirations de son fondateur :
celui-ci voulait pour son Institution la sanction même
du Pontife suprême, du Saint-Siège sur lequel reposent
toutes les œuvres vraiment durables. A obtenir ce
résultat il consacra l'année 1838. Il est néanmoins
vrai de dire que, plus d'une fois déjà, il avait tourné
les yeux vers la Ville Éternelle. En 1833, l'abbé
Querbes, dans une supplique apostillée par l'administration diocésaine, exposait à Grégoire XVI la raison
d'être et les lignes principales de son Institution ; il
implorait en outre l'affiliation de sa Société naissante
à l'*Archiconfrérie de la Doctrine chrétienne* avec par-
ticipation aux indulgences de cette dernière. Expédiée
le 13 juin, cette supplique eut pour réponse le rescrit
du 10 juillet qui accordait les faveurs demandées.
Rome avec sa prudence ordinaire se taisait sur le projet
qui lui avait été présenté, mais elle en avait pris connaissance et le bénissait : c'était une porte ouverte,
une préparation aux négociations futures en vue d'une
approbation par le Saint-Siège.

En 1838 le moment était plus opportun pour tenter un nouvel effort. L'Institut du P. Querbes était déjà répandu dans cinq diocèses. Dès lors, n'y aurait-il pas à craindre des volontés et des dispositions changeantes des différentes autorités diocésaines? Le danger qui en maintes circonstances lui était apparu clairement lui donnait la conviction que son Institut ne trouverait vraiment la stabilité que s'il reposait sur Pierre. De plus, outre des avis sages venus des Pères Jésuites, de ses amis ou de ses conseillers, une voix intérieure qui venait assurément d'en haut lui répétait sans cesse : « Demande à Rome la confirmation de ton Institut. »

Considérée au point de vue humain sa démarche était prématurée. De plus, ce que le P. Querbes se proposait de demander à Rome, ce n'était pas seulement une approbation de la fin de son Institut, comme l'avait fait le P. Collin pour la *Société de Marie*, mais une approbation de ses *Statuts* ou Constitutions. N'était-ce pas aller trop vite en besogne, et vouloir tenter Dieu en tentant l'impossible? L'humilité du pieux Fondateur le garantissait contre la présomption. Au reste il purifia son intention, se mit en la présence de la seule gloire de Dieu à procurer, pria, réfléchit, consulta, et, sa décision prise, il en poursuivit l'exécution avec cette netteté de coup d'œil et cette intrépidité de volonté qui lui étaient habituelles.

Sa résolution fut arrêtée fin janvier, et la composition des Statuts, terminée et revue. Le 25 février tout était prêt : texte français et traduction latine, supplique approuvée, qui les présentait au Souverain Pontife. Mᵍʳ de Pins y joignit sa propre supplique appuyant celle du P. Querbes, louant le but de l'Institut, le zèle et le bon esprit de ses membres ; et le 5 mars, il expédia le pli au commandeur Camille-Louis de Rossi, consul de France à Rome, avec une lettre autographe pour le cardinal Sala, préfet de la Sacrée Congrégation des Évêques et Réguliers.

Après quelques semaines, averti que sa présence serait nécessaire à Rome, le P. Querbes prit à la hâte ses dispositions pour le départ. Pauline Jaricot lui confia plusieurs commissions et l'encouragea par ces mots :

— Le bon Dieu vient lui-même au-devant de vos désirs. Je suis très contente de cette aventure. Vivent Jésus et Marie ! Qu'il fait bon s'embarquer en leur compagnie tout aimable !

Les assurances et les vœux d'une si sainte âme soutenaient la confiance du P. Querbes.

Avec quelques lettres de recommandation, et malgré les difficultés probables, malgré les soucis que lui causaient la paroisse et la communauté, faisant appel à sa grande foi, il partit le 8 mai, en la fête de saint Michel Archange. Le 9, il était à Marseille où il s'embarquait le 11 pour Civitta-Vecchia, après avoir mis son voyage et ses projets sous la protection de Notre-Dame de la Garde.

Arrivé à Rome le 14, il s'empressa d'aller vénérer la tombe de saint Pierre. Son second pèlerinage fut pour le *Gesu* : il voulut dire la messe dans la chambre où mourut saint Ignace. A cette occasion, il visita le P. Roothaan, Supérieur général des Jésuites, ainsi que les PP. Rosaven et de Villefort. Il en reçut de précieux encouragements et des promesses de concours.

Après quelques autres visites il obtint, le 17 semble-t-il, une première audience de Mgr Soglia, secrétaire de la Sacrée Congrégation des Évêques et Réguliers. Dès le 18, ce prélat, ayant lu et annoté de sa main le texte latin-français des Statuts, le remettait *pro voto* au P. Rosaven, consulteur de ladite Congrégation. Malheureusement le cardinal Sala, préfet, était absent de Rome, et l'affaire devait nécessairement traîner quelque temps.

Pour faire diversion à ce contretemps regrettable, et aussi pour satisfaire sa dévotion, le P. Querbes entreprit le pèlerinage de Lorette. Vers le 10 juin, il était de retour à Rome. Mais l'absence du cardinal Sala se prolongeait toujours. Les loisirs forcés que lui procurait cette absence lui étaient terriblement à charge, car rien ne lui pesait autant que l'inaction.

Pour occuper ses nouveaux loisirs, et, comme il le dira plus tard lui-même, pour faire jouir ses compatriotes d'un livre précieux, il entreprit la traduction française de la *Raccolta*, recueil authentique des Indulgences, paru pour la première fois en 1807 et que venait de rééditer M. Salvioni. Le but qu'il poursuivait ne fut pas atteint, faute sans doute de temps et d'argent tout à la fois.

Cependant il n'avait pas encore obtenu la faveur d'une audience de Grégoire XVI. Il la sollicita et l'obtint pour le mercredi 20 juin. Dans cette audience, il lut au Souverain Pontife une notice en italien sur son Institut, pour compléter sur certains points les renseignements contenus dans sa supplique en latin. Il y expliquait que cet Institut était religieux, qu'on s'y engageait par les trois vœux simples de religion ;

qu'un petit nombre des associés étaient prêtres, pour
la direction des établissements principaux et pour les
missions qu'il plairait aux évêques de leur confier.
Ils s'appelaient *Clercs* paroissiaux, parce que, suivant
les intentions du saint Concile de Trente, ils s'occupaient du chant ecclésiastique, des cérémonies sacrées,
du soin des saints autels, toutes choses trop négligées
parmi nous, disait-il, et trop souvent confiées à des
mercenaires. C'étaient des *Catéchistes*, qui enseignaient la doctrine chrétienne extraite principalement
du *Catéchisme romain*, dans les écoles primaires des
campagnes, dans les ateliers, du haut de la chaire,
en toute occasion. Le premier besoin de notre siècle
orgueilleux et impie n'était-il pas qu'on lui enseignât
la doctrine chrétienne? Ils étaient placés sous le
vocable de *saint Viateur*, qui fut clerc de Lyon, de
l'ordre des lecteurs, et serviteur de l'évêque saint Just,
vers 380.

Les *Statuts* de cette Société, soumis par l'administrateur apostolique du diocèse de Lyon à l'approbation
de la Sacrée Congrégation des Évêques et Réguliers,
avaient déjà été examinés par les consulteurs et étaient
revenus entre les mains de Mgr Soglia. Dans sa supplique latine, le P. Querbes avait exprimé l'espoir
que Sa Sainteté les approuverait, et déclaré que,
conduit par cet espoir aux pieds de Sa Sainteté et au
tombeau des saints Apôtres, il était fermement résolu
à ne pas s'éloigner qu'il n'eût entendu de sa bouche
ces paroles : « Allez, et qu'il vous soit fait selon votre
foi, *Vade et sicut credidisti, fiat tibi.* » Maintenant
qu'il venait de fournir une brève explication du titre
de son Institut, avec le premier spécimen de ce qu'il

savait en italien, il suppliait humblement la haute
et paternelle sollicitude du Souverain Pontife de lui
accorder la confirmation si ardemment désirée des-
dits *Statuts* et par là la possibilité de rejoindre au
plus tôt ses chers associés.

Grégoire XVI accueillit cette explication avec un
intérêt et une bienveillance très marqués, dans lesquels le pieux supérieur vit un augure de la marche
favorable, sinon accélérée, de son affaire. C'est, en
effet, à partir de cette date du 20 juin que la Sacrée
Congrégation commença à s'en occuper activement.

Le P. Rosaven avait terminé le travail dont il avait
été chargé comme consulteur, et son *votum* était prêt.
Le cours normal des négociations appelait l'impression d'un *Summarium* rappelant les documents principaux de la cause, la distribution de ce *Summarium*
aux cardinaux qui devaient se prononcer sur la cause
en réunion plénière; et la remise au cardinal préfet
et au cardinal ponent ou rapporteur de tous les renseignements complémentaires qu'ils pourraient désirer. Le P. Querbes se livra à cette besogne avec amour
et générosité, comme on pense, et aussi avec ce calme,
cette maitrise de lui-même dont il ne se départait
jamais, même dans les plus grands embarras des
affaires.

Comme nous venons de le voir par la note en italien lue au Souverain Pontife, sa Société se présentait
à l'approbation romaine comme une Congrégation religieuse. A la demande du P. Rosaven, elle éliminait
de son sein l'élément séculier des *confrères*, n'admet-
tait ses membres à la profession perpétuelle qu'après
une période variable de vœux temporaires, précisait

Vourles (Rhône), berceau de l'Institut des Clercs de Saint-Viateur.

la **nature du vœu de** pauvreté **et** spécifiait que ceux
d'obéissance et de chasteté devaient être entendus
et pratiqués comme dans les Ordres et Congrégations
approuvés par l'Église. Mais elle restait par plusieurs
de ses Statuts une Congrégation essentiellement diocésaine. Mgr de Pins et son Conseil, tout sincèrement
désireux qu'ils étaient de favoriser le dessein du
P. Querbes et d'obtenir l'autorisation romaine,
n'avaient pu se dégager du point de vue local. Le fondateur lui-même s'y plaçait trop exclusivement, bien
qu'il envisageât une perspective plus vaste.

Les corrections du P. Rosaven consistèrent surtout
à rompre ou à relâcher ces liens trop étroits de
dépendance, de manière que la Congrégation, tout
en restant soumise à la juridiction des Ordinaires, ne
relevât plus que du Saint-Siège pour son gouvernement, ses Constitutions et ses Règles. Elles touchaient ensuite à quelques points de moindre importance. Le P. Querbes en saisit la justesse et les accepta
avec reconnaissance, n'ayant rien plus à cœur que
de recevoir du Saint-Siège des Constitutions, quelles
qu'elles fussent, si elles respectaient les grandes lignes
du plan que Dieu lui avait inspiré. Fort de cette
acceptation, le P. Rosaven n'hésita pas à formuler
son *votum* nettement favorable. En voici la substance :
les grands services rendus en France par la Société
des Catéchistes de Saint-Viateur ne sont pas contes-
tables. Répandue dans plusieurs diocèses, demandée
dans un plus grand nombre, elle est très appréciée
du clergé et des fidèles. Aussi mérite-t-elle la paternelle protection et la faveur du Saint-Siège. Sans
doute, elle est déjà enrichie de précieuses faveurs spi-

rituelles; sans doute, elle a déjà reçu l'approbation de Mgr l'archevêque de Lyon et pourrait obtenir celle d'autres évêques, ce qui, à la rigueur, suffirait à son but. Mais l'autorisation romaine qu'elle sollicite paraît nécessaire pour assurer son unité, sa stabilité et sa diffusion.

Les éminentissimes cardinaux de la Sacrée Congrégation se rangeraient-ils à l'avis du consulteur ? Les raisons qui le motivaient, le peu de changements apportés aux statuts autorisaient cet espoir. Le P. Querbes se mit en devoir d'en poursuivre la réalisation.

Alors commencèrent les démarches auprès des cardinaux qui lui firent d'ailleurs le meilleur accueil, et lui parurent s'intéresser vivement à son œuvre dont la nouveauté les frappait et les édifiait.

Les démarches terminées vers le 10 juillet, le P. Querbes se retira au Gesu pour une retraite de quelques jours. Après avoir tout fait auprès des hommes, c'était le moment de se tourner vers Dieu qui dispose à son gré des volontés et des cœurs. Il s'enfonça donc dans le silence et la prière, recourant à ses saints de prédilection : à saint Ignace dont il avait voulu autrefois être le disciple, à saint Stanislas Kostka qu'il promettait dès lors à Dieu de donner pour patron à son noviciat, à la Sainte Vierge et au Sacré Cœur, les deux objets principaux de sa dévotion. Il ne dut pas manquer d'ajouter les macérations aux prières, car il avait contracté depuis longtemps, et il garda toujours l'habitude de traiter son corps avec la dernière rigueur. Enfin il chercha des prières partout, autour de lui, auprès des Pères Jésuites et dans de

nombreuses communautés romaines; au loin, parmi
ses religieux, ses paroissiens, ses amis de France.
A Vourles, le 2 août, premier vendredi du mois, la
messe fut dite et de nombreuses communions furent
faites à son intention. C'était de tous côtés une sainte
violence au ciel en sa faveur.

La réunion plénière des cardinaux se tint le 3 août.
Le rapport imprimé du cardinal ponent, après avoir
rappelé le titre et le but de l'Institut, les deux éléments
dont il se composait, prêtres et frères, l'approbation
et la recommandation flatteuse que lui avait accordées
l'archevêque de Lyon, l'approbation de l'autorité civile,
avec les avantages qu'elle comportait, les biens qu'il
possédait, le voyage et la présence à Rome du fondateur, la revision et la correction des statuts par le
P. Rosaven, l'impression du *Summarium* contenant
la traduction du texte et le *votum*, les demandes
accessoires du fondateur, posait à la vénérable assemblée la question d'approbation.

Dans sa réponse, la Sacrée Congrégation approuva
le but et les moyens adoptés pour la bonne œuvre
à laquelle se dévouaient les Catéchistes de Saint-
Viateur, mais ne crut pas devoir prendre de décision.

On devine quelle cruelle déception ce fut pour le
P. Querbes. Il en fut profondément affecté, mais non
abattu. « L'ajournement d'une décision, se dit-il, n'est
pas un refus. Il y a même dans la précieuse louange
de la Sacrée Congrégation un motif d'espoir plutôt
que de découragement. » Et il se remit à l'œuvre.

Il se demanda aussitôt quelles raisons avaient pu
arrêter la Sacrée Congrégation. Or, il ne tarda pas
à reconnaître que la difficulté venait des corrections

mêmes que le P. Rosaven avait cru devoir introduire avec l'autorisation du Père fondateur dans les statuts, en soustrayant à peu près complètement l'Association à l'autorité diocésaine. Or, n'était-ce pas manquer de déférence à la personne de l'archevêque de Lyon que d'aller de l'avant sans même le consulter? Le cardinal ponent semblait avoir éprouvé ce scrupule en rédigeant son rapport à la veille de la réunion plénière.

Le P. Querbes ne se trompait pas. Mais que faire pour sortir de cette impasse? Le moyen était tout indiqué : écrire à l'administrateur de Lyon et lui demander d'approuver les corrections du P. Rosaven. C'est ce que fit le P. Querbes avec l'autorisation du cardinal Sala. Fort de sa loyauté, il faisait cette démarche sans hésitation, et il en confia l'exécution au P. Faure, l'un de ses religieux, puis il attendit la réponse dans le plus grand calme, à tel point qu'il pouvait dire à ses amis de France :

Ma santé est délabrée... Priez bien pour le pauvre prêtre français qui se débat ici pour poser les fondements de son œuvre. C'est le moment où les obstacles s'élèvent à la hauteur des montagnes, et c'est celui où Dieu me fait la grâce d'être le plus fermement résolu. *In te Domine speravi, non confundar in aeternum.*

De cette calme et imperturbable résolution, il donnait encore une preuve en rendant compte à Grégoire XVI de la marche des négociations et de l'arrêt qu'elles subissaient.

Pendant ce temps la maladie était venue le visiter. Il dut s'aliter. On craignit même pour sa vie. Le corps était à bout, l'âme seule restait vigoureuse, l'esprit lucide, le cœur affectueux. Surmontant la souffrance physique par une énergie morale, il écrivit, le 21 août, une lettre magnifique au P. Faure, lui permettant, s'il le jugeait bon, d'en donner lecture en chaire aux fidèles de Vourles. Quelques jours après, écrivant encore un billet au même confrère, il avouait avoir à peine la force de traîner la plume. Il ajoutait :

Je suis bien faible, mais plus que jamais plein de confiance en Dieu.

Cette confiance ne devait pas tarder à recevoir sa récompense.

Le courrier du 23 ou du 24 août lui apporta la réponse de l'archevêque de Lyon ; elle dépassait ses espérances.

En marge de toutes les modifications proposées, Mgr de Pins écrivait :

Je souscris pleinement à cette rédaction... Dans cette forme de rédaction je vois un avenir, et cet avenir me console... De plus, disait-il en terminant, comme je ne mets pas de bornes à ma déférence pour la sagesse du Saint-Siège apostolique, s'il y a, à son avis, quelque autre point à changer, je me soumets d'avance à ces changements, pour hâter, autant qu'il est en moi, l'expédition de cette affaire.

La réponse portait la date du 15 août, fête de l'Assomption de la Sainte Vierge. Le P. Querbes y vit avec raison une marque signalée de l'intervention de Marie en sa faveur, et il était heureux d'écrire à son confident de Vourles, le P. Faure :

Jamais la confiance en Dieu et en sa sainte Mère ne m'a abandonné. Ah ! c'est ici qu'on aime *Maria santissima.*

Tous les documents intéressant la cause furent remis entre les mains des éminentissimes cardinaux avec les observations des deux principaux intéressés, le fondateur et l'archevêque de Lyon. Tout présageait cette fois une décision favorable. Encore fallait-il cependant que l'affaire fût mise à l'ordre du jour d'une des réunions plénières qui précédaient les vacances.

Il en fut ainsi. La Sacrée Congrégation mit le projet d'approbation des Clercs de Saint-Viateur à son ordre du jour, pour la réunion plénière du 21 septembre. Et comme l'affaire lui était connue depuis longtemps, elle n'eut qu'à répondre aux questions posées par le cardinal Maï à la fin de son rapport du 3 août. A la première, la plus importante, elle répondit affirmativement. L'Institut des Clercs de Saint-Viateur était approuvé. Séance tenante la Sacrée Congrégation rédigea le décret suivant dont nous citons la partie essentielle : *La Sacrée Congrégation des Éminentissimes et Révérendissimes Cardinaux de la Sainte Église Romaine, préposée aux Affaires et Consultations des Évêques et Réguliers,*

A été d'avis et a décrété, s'il plaît à Notre Très Saint-Père le Pape Grégoire XVI,

Que les Statuts de l'Association des Clercs paroissiaux de Saint-Viateur soient approuvés, pourvu toutefois que les associés demeurent soumis à la juridiction des Ordinaires et qu'ils n'émettent que des vœux simples...

Et d'après le rapport fait à Notre Saint-Père sur tout ce qui précède, dans l'audience reçue par le soussigné Secrétaire de la même Sacrée Congrégation, Sa Sainteté a approuvé et confirmé entiè-

rement le décret ci-dessus et ordonné d'expédier des Lettres Apostoliques en forme de Bref.

De fait, ces *Lettres* furent expédiées le 31 mai 1839.

Cette approbation, appelée par tant de vœux, préparée par tant de démarches, achetée par tant de fatigues et si importante pour l'avenir de son œuvre, le P. Querbes l'accueillit, on le pense bien, avec des transports de reconnaissance et de joie. Le lendemain, 22 septembre, il écrivait à sa famille religieuse :

Entonnez le *Te Deum*. Tout est fini et la Société vient de recevoir son existence de Celui qui, au nom de Dieu, donne à toutes les pieuses institutions la forme et la vie. Heureux de ce succès, nous n'avons plus maintenant qu'à songer à nous rendre dignes de notre belle vocation.

C'était un succès extraordinaire, presque inouï dans les annales de l'Église, unique, croyons-nous, au xix⁰ siècle, que l'approbation solennelle et définitive d'un Institut et de ses règles si peu de temps après sa naissance. L'humble prêtre qui l'avait obtenue par ses efforts et ses prières ne songea pas un seul instant à s'en attribuer le mérite. Tout entier au sentiment de la reconnaissance, il se hâta d'en déposer l'hommage aux pieds du Souverain Pontife. Son audience de congé lui fut accordée le 27 septembre. Il versa tout son cœur dans celui de Grégoire XVI, implora plusieurs faveurs et renouvela ses vœux entre les mains de Sa Sainteté.

Le P. Querbes prononça ses vœux en qualité de Directeur principal, ou de Supérieur général. Les Pères Jésuites, les cardinaux de la Sacrée Congrégation, le Saint-Père lui-même, l'avaient engagé à conserver

la direction de sa communauté. S'il n'eût écouté que
son humilité, il eût volontiers déposé l'honneur et le
fardeau, chanté son *Nunc dimittis*, comme il l'écrivait au P. Faure, et remis à d'autres les rênes du gouvernement. Il resta à son poste par obéissance.

Quelques jours après, le fondateur du nouvel Institut
quittait Rome et s'embarquait à Civitta-Vecchia; il
arrivait à Marseille le 10 octobre. Le lendemain il fit
une visite à Mgr de Mazenod et un pèlerinage d'action
de grâces à Notre-Dame de la Garde. Le surlendemain
il arrivait à Lyon. Les demoiselles Comte étaient allées
le chercher avec leur voiture après s'être imposé tous
les frais de la magnifique réception qui l'attendait
à Vourles. Tous les Catéchistes s'y trouvaient alors
réunis pour les conférences et la retraite annuelle.
Également joyeuses d'un retour si longtemps attendu,
également empressées à le féliciter du magnifique
succès de son voyage, la communauté et la paroisse se
portèrent processionnellement à sa rencontre jusqu'aux limites de la commune, sur le chemin de Saint-Genis, dès les premières heures du 13 octobre. Quand
on aperçut la voiture, les cloches se mirent en branle,
et sonnèrent à toute volée; les vivats retentirent, le
chant des cantiques succéda aux acclamations; on
s'empressait autour de lui; on s'agenouillait pour recevoir sa bénédiction; les enfants n'avaient pas assez de
voix pour crier : Vive Monsieur le Curé!

Pendant une heure, chacun donne libre cours à son
bonheur, mais, arrivé au village de Vourles, le cortège entre dans l'église et un religieux silence s'établit
aussitôt. Le P. Querbes se prosterne humblement
devant ce tabernacle où il avait si souvent frappé,

prié et pleuré, où lui était venue, douze ans auparavant, l'idée de fonder une pieuse confrérie d'instituteurs, maintenant Congrégation religieuse approuvée par le Saint-Siège.

Puis il monte en chaire, et, répandant son cœur sur son auditoire, il le remercie de l'accueil sympathique dont il vient d'être l'objet, il exprime son bonheur de revoir ses enfants après plusieurs mois d'absence, après des épreuves, des fatigues et une maladie qui lui ont fait craindre de ne pouvoir pas revenir dans sa chère église ; il leur parle de Rome, du Pape qui a été pour lui si bon, si paternel ; il leur fait part de la bénédiction apostolique spécialement accordée à la paroisse. et leur annonce qu'il distribuera dans toutes les maisons un souvenir de son voyage, une image de la Sainte Famille, bénite et indulgenciée par le Souverain Pontife.

Au sortir de l'église, il entre dans sa communauté, embrasse ses enfants, les presse sur son cœur et leur redit le mot d'ordre que chacun ne doit cesser de répéter : « *Benedicamus Domino. Deo gratias!* Bénissons le Seigneur. Rendons grâces à Dieu ! »

CHAPITRE IV

Nature et organisation de l'Institut.

I. Les Constitutions : but, moyens, nature et gouvernement de l'Institut.

Les Constitutions ou Statuts de l'Institut des Clercs de Saint-Viateur se trouvent insérés dans les *Lettres Apostoliques* de Grégoire XVI par lesquelles le Souverain Pontife confirme *l'Association des Clercs paroissiaux ou Catéchistes de Saint-Viateur.*

... Grande a été notre joie, dit le Pontife, lorsque Nous avons appris de Notre Vénérable Frère J.-P.-Gaston de Pins, administrateur apostolique du diocèse de Lyon, qu'une Société établie depuis plusieurs années dans ledit diocèse est d'une grande utilité et d'un grand secours pour le bien de la religion comme pour celui de l'État, attendu que son but principal est de former de bonne heure les jeunes gens à la piété et aux lettres... C'est pourquoi, après avoir fait examiner les Constitutions de ladite Société, Nous avons ordonné qu'elles fussent insérées, d'après leur approbation, dans ces Lettres émanées de Nous.

Viennent alors les Statuts. Ils comprennent, premièrement, le but de la Société; en second lieu, sa nature, et enfin son gouvernement.

Le but que poursuit l'Institut consiste tout d'abord

dans la sanctification personnelle de chacun de ses membres. L'œuvre de l'éducation chrétienne — car pour le Clerc de Saint-Viateur l'éducation de la jeunesse est l'objet principal de son apostolat — ne saurait avoir de meilleur principe. Pour sanctifier les autres, il faut d'abord viser à être saint soi-même. La mesure de la sainteté de l'apôtre sera celle de la fécondité de son apostolat. La perfection personnelle, tel est donc le but premier que doit poursuivre le Clerc de Saint-Viateur : et dans les deux articles suivants, le P. Querbes trace à ses enfants tout le programme de cette sainteté.

Comme le dit saint Thomas, c'est par ses actes que l'homme atteint sa destinée. Or, les principaux de ces actes sont énumérés dans l'article II qui constitue, en effet, pour le religieux une véritable règle de perfection religieuse, la ligne de conduite à garder chaque jour, chaque semaine, chaque mois, chaque année. Par les *exercices de piété* qu'il prescrit, et qui sont, à peu de choses près, les mêmes dans toutes les communautés religieuses, il lui assure l'aide de Dieu même pour l'accomplissement de tous ses devoirs.

L'habitude de produire ces actes, sa fidélité à recourir à Dieu, lui feront pratiquer les vertus qui doivent caractériser le Clerc de Saint-Viateur et dont les principales sont énumérées dans l'article III.

Ainsi, tout en poursuivant ce premier but de sanctification personnelle, il se préparera pour un second qui n'a pas moins d'importance : l'enseignement de la doctrine chrétienne. « Allez, avait dit Notre-Seigneur à ses apôtres, allez et instruisez toutes les nations. » Ces paroles s'adressaient avant tout aux apôtres et à leurs successeurs, les évèques, qui constituent l'Église enseignante. Elles s'appliquent aussi évidemment aux religieux qui, reconnus, approuvés et encouragés par l'Église, consacrent leurs efforts et leur vie à l'éducation de l'enfance et de la jeunesse. Comme leur divin Maître, ils peuvent dire en toute vérité cette parole devenue la devise des Clercs de Saint-Viateur : *Laissez venir à moi les petits enfants.* Procurer aux prêtres, aux curés de campagne principalement, ces collaborateurs, à la fois instituteurs et sacristains : tel est le but que, dès 1826, l'abbé Querbes poursuivait et qu'il a inscrit dans les titres respectifs de *Doctrine chrétienne* et *Service des saints autels.* On voit donc que la triple fin de cet Institut lui donne le caractère mixte et lui fait pratiquer les œuvres les plus méritoires de religion et de charité.

A ces auxiliaires du clergé paroissial *qui se consacrent à l'éducation des enfants et à l'exercice des fonctions des ordres mineurs, selon l'esprit du Concile de Trente, sess. 23, ch. 17* (1), le P. Querbes donna, avec un sens admirable de l'adaptation, du symbolisme et des cérémonies :

Un *costume*, qui diffère peu de celui du clergé séculier ;

Une *devise* apostolique et attirante formulée par le divin Maître : *Laissez venir à moi les petits enfants ;*

Un *patron*, choisi parmi les clercs, saint Viateur, lecteur et catéchiste attaché à l'Église de Lyon ;

Un *cérémonial* admirable qui rappelle sur bien

· (1) P. Querbes dans une adresse au Saint-Père.

des points les cérémonies de l'ordination, et constitue, pour les Clercs de Saint-Viateur, un aliment de piété, un résumé touchant, un symbole expressif de leurs obligations. Ainsi (sans parler de la prise d'habit, toujours si touchante), le récipiendaire est introduit processionnellement au chant du *Quam dilecta tabernacula tua, Domine virtutum*, et d'une belle hymne spéciale, très suggestive, qui dit le bonheur d'appartenir à Dieu, de vivre sous son toit; on invoque tous les bienheureux, on implore les dons du Saint-Esprit en faveur du nouveau religieux qui, après diverses interrogations, monitions et prières, prononce ses vœux; vient ensuite, comme pour le clerc minoré, la tradition des insignes de son rang et les attributs de ses fonctions :

1º Le cierge allumé que le célébrant lui remet en disant :

Recevez, mon cher Frère, ce flambeau allumé, symbole de la lumière que votre piété et votre instruction chrétienne doivent répandre parmi les hommes, pour éclairer les petits et les pauvres, assis dans les ombres de la mort, et pour conduire vos pas dans les sentiers de la paix. Ainsi soit-il.

2º Le chapelet, dont l'imposition est accompagnée de ces paroles :

Recevez et portez religieusement ce signe glorieux de votre dévotion à la Mère de Dieu; imitez sa vie sainte, si vous voulez mériter sa puissante intercession.

3º Le *Catéchisme du Concile de Trente* lui est remis, comme le *Lectionnaire* au lecteur, avec la formule suivante :

Recevez ce livre de la doctrine chrétienne, apprenezle avec soin, et transmettez-en fidèlement les leçons afin de briller dans l'éternité, comme les étoiles du firmament, avec ceux qui auront enseigné la justice aux peuples.

4° Le célébrant le conduit à la crédence où sont déposés divers objets du culte, et la lui fait toucher en disant :

Traitez saintement les choses saintes, et ayez un soin religieux de tout ce qui sert à l'autel.

5° Un anneau d'or bénit est passé au doigt de celui qui fait les vœux perpétuels, par le célébrant, qui lui dit en même temps :

Soyez désormais attaché au Seigneur, et travaillez comme un bon soldat de Jésus-Christ, afin d'entendre de sa bouche ces paroles : Courage, serviteur bon et fidèle, entrez dans la joie de votre Maître.

Après quoi le profès est agrégé définitivement à l'Institut et reçoit le baiser de paix du célébrant, des prêtres assistants, et des Catéchistes majeurs, pendant qu'on chante l'*Ecce quam bonum*.

6° Une croix d'argent est enfin remise au nouveau majeur qui doit imiter Jésus-Christ de plus près, édifier et soutenir ses frères; suit une promesse spéciale de fidélité au Saint-Siège et au vicaire de Jésus-Christ. On termine toujours par les prières propres de la clôture et le chant du *Te Deum*.

Le Père fondateur a aussi imposé à ses Clercs un exercice spécial, dit *Légende* ou lecture obligée, de forme originale, on ne peut mieux appropriée à leur but de perfection personnelle et d'enseignement religieux. Cet exercice se fait en commun matin et soir, et constitue comme un petit office très pratique;

on y lit, suivant un *Ordo* journalier, l'*Écriture Sainte*, le *Catéchisme du Concile de Trente* et l'*Imitation de Jésus-Christ* : le tout entremêlé de versets et de répons parfaitement adaptés et empruntés pour la plupart aux conseils que donne l'apôtre saint Paul à ses chers disciples Tite et Timothée.

Voilà quelques particularités de la règle et de ce cérémonial bien suggestif qu'on aime tant à voir se dérouler et dont la méditation est bien propre à entretenir chez les Clercs de Saint-Viateur l'esprit de leur vocation, le zèle pour leur apostolat aux fonctions variées.

Dans les *Directoires* et dans divers écrits, le P. Querbes exalte ces fonctions, comme aussi les avantages de la vie religieuse, et donne à ses Clercs d'admirables conseils condensés de perfection personnelle, de pédagogie très avertie, très psychologique, des avis précieux pour le soin de la maison de Dieu et les fonctions professionnelles.

Le but de la Société bien établi, ainsi que ses moyens de sanctification et d'apostolat, le P. Querbes en fait connaître la *nature*. Elle est une *Congrégation religieuse de droit pontifical*, et la pratique des vœux simples par ses membres est exactement celle qui est suivie dans les Congrégations approuvées par la sainte Eglise ; mais le Supérieur général a le privilège de pouvoir dispenser de ces vœux lors même qu'ils sont perpétuels. Et, comme il y a plusieurs demeures dans la maison de Dieu, dans l'Institut de Saint-Viateur il y a deux classes : celle des Catéchistes et celle des Aides-temporels. Les premiers sont destinés à l'enseignement et au service des autels, les seconds aux emplois manuels ; les uns et les autres, étant religieux au même titre, sont assujettis aux mêmes règles et participent aux mêmes avantages. Au sein de la Société se trouvent aussi des prêtres, ceux qu'elle aurait admis directement après les épreuves du noviciat, et ceux qu'elle a préparés elle-même, en assujettissant les jeunes religieux de son choix à la formation et à toutes les études classiques et théologiques nécessaires pour atteindre dignement les honneurs du sacerdoce. A eux sont réservées les premières charges de l'Institut; toutefois ils ne forment ni une classe ni un rang à part, et sont soumis aux mêmes règles et à la même vie commune.

En se consacrant à Dieu, le Clerc de Saint-Viateur a fait profession de vivre dans l'humilité et de renoncer aux distinctions et aux honneurs. Il trouve néanmoins divers rangs dans sa Congrégation puisqu'il doit y avoir plusieurs membres dans un même corps et que tous ces membres n'ont pas la même fonction.

Les rangs sont coordonnés dans la Société suivant que les religieux appartiennent d'une manière plus ou moins intime, plus ou moins active, au corps mystique de l'Institut.

La Société se compose donc de jeunes aspirants appliqués aux études dans les maisons de Juvénat, de novices adonnés aux exercices spirituels, de Catéchistes et Aides-temporels *mineurs* qui ont fait les premiers vœux — vœux temporaires ; — de Catéchistes et Aides-temporels *formés*, qui se sont liés par des vœux perpétuels; et enfin de Catéchistes *majeurs*. Ces derniers composent spécialement le corps dirigeant de la Société.

Le *gouvernement* de l'Institut est confié à un Supérieur général, prêtre. Il est aidé dans son administration par un vicaire, prêtre lui aussi, et par plusieurs assistants qui constituent la direction générale de la Congrégation. Cependant les règlements généraux ne sont dressés que par le Chapitre de l'Institut, où sont appelés, de droit ou par délégation, des religieux de toutes les provinces. Il se réunit au moins tous les cinq ans. La Société est divisée en provinces ; à la tête de chacune d'elles se trouve un supérieur provincial, assisté lui-même de plusieurs confrères qui forment son Conseil.

Pour diriger les établissements, un régent est nommé par le provincial, et, pour les maisons importantes, ce directeur est entouré d'un Conseil. Parmi les maisons importantes, il faut signaler les maisons de formation : Juvénats, Noviciats, Scolasticats pour les études primaires, supérieures et théologiques ; les maisons de retraite et de repos pour les religieux âgés ou infirmes, les collèges d'enseignement secondaire, etc.

Telle est la Société pensée et réalisée par le P. Querbes, approuvée après quelques années seulement d'existence et de vie, par la plus haute autorité spirituelle de l'Église, le Souverain Pontife.

2. Directoire.

Nous venons de faire connaître le but, la nature et l'organisation de l'Institut d'après ses *Constitutions* elles-mêmes. Or, celles-ci nous présentent le Clerc de Saint-Viateur surtout comme religieux. Mais ce

religieux remplit dans l'Église une fonction particulière, il est éducateur de la jeunesse. En cette qualité,
il a un idéal particulier à remplir. C'est cet idéal que
le P. Querbes a esquissé dans un petit livre, le *Directoire*, dont il a été dit avec raison qu'il était « un chef-
d'œuvre de bon sens aiguisé et fin, d'observation péné-
trante, de méthode, d'exposition, d'ordre et de clarté,
de brièveté pleine d'élégante précision ».

Ce *Directoire* explicatif, manuel de conduite pratique, publié en 1836, présente, en effet, un type de
religieux qui n'existait pas dans l'Église, qui pourtant
y avait sa place, arrivait à son heure, comblait un
vide : le religieux auxiliaire du clergé paroissial, dans
toutes les fonctions qui ne relèvent pas exclusivement
du ministère du prêtre. Simple Frère ou laïque, ce religieux sera Clerc-Catéchiste. Il n'enseignera pas seulement la doctrine dans l'école, il assistera aussi le
prêtre à l'église, dans la direction du chant et des
cérémonies, dans la tenue de la sacristie, la décoration
et le service du saint autel. Il tiendra auprès de lui la
place d'un clerc proprement dit, au sens ecclésiastique
du mot, réalisant ainsi dans la mesure compatible
avec notre temps, et peut-être la seule possible, le
vœu du saint Concile de Trente, session XXIII, chapitre XVII.

La première partie du *Directoire* traite en quatre
chapitres des *devoirs personnels*, à savoir : de la piété
et des exercices qui l'entretiennent ; de la charité dans
les rapports sociaux ; des études pour la classe et pour
le perfectionnement personnel ; enfin des soins du
corps : tempérance, modestie, santé. Il y a là une foule
de remarques et de règles, toutes marquées au coin

de la sagesse et dénotant une grande connaissance des
âmes, de leurs besoins, et des moyens les plus effi-
caces pour les conduire à la perfection.

La seconde partie traite des *fonctions* du Catéchiste
à l'église, à l'école. L'église, c'est l'autel, la sacristie,
les cérémonies, le chant des saints offices... Ici, le
pieux auteur indique à son Clerc les diverses obligations de son emploi, et ne manque pas d'insister sur
l'esprit de foi et le respect religieux qu'il faut apporter
dans tous les détails du soin de la maison de Dieu.

L'école fait l'objet de deux chapitres : éducation et
enseignement. Il y a là des avis et des règles pédagogiques étonnamment pratiques, touchant la formation
chrétienne des enfants, la discipline, l'enseignement,
la conduite des petites écoles.

De ce délicieux petit livre, nous ne pouvons exposer
ici que le cadre, le bref aperçu qu'on vient de lire ; et
cela ne donne pas une idée de la façon personnelle,
vivante et toujours pratique dont sont traitées ces
matières. Disons seulement qu'après l'exposé d'une
admirable méthode de catéchisme, le P. Querbes
insiste sur la conclusion morale, sur l'exhortation qui
en est le dernier point ; car il faut intéresser à la doctrine chrétienne le cœur en même temps que l'esprit
des enfants ; il faut les amener à y conformer leur conduite ; sans cela, le Catéchiste a perdu son temps. Mais
le pieux fondateur a soin d'ajouter que la formation
religieuse de l'enfant ne doit pas se faire seulement
aux heures déterminées pour la leçon de catéchisme.
L'imprévu, l'à-propos exercent souvent sur l'âme
mobile de l'enfant une action plus efficace que la leçon
réglementaire. Ces mots, ces réflexions spontanées,

amenées par les circonstances sur les lèvres du maître, comme des étincelles jaillissant de la foi, de son zèle et de son cœur, c'est ce que le P. Querbes appelle *discours de piété* et dont il recommande l'emploi.

Il veut aussi que la formation religieuse des enfants se continue hors des classes. Quand le maître a l'occasion de parler avec eux, sa conversation « doit toujours se rapporter à la piété, à leurs études ou à leur travail »; et le P. Querbes lui recommande, comme un de ses principaux devoirs, la culture des vocations.

Enfin on est heureux de lire à cette même page les paroles suivantes :

Le dimanche... dans la soirée, vous vous ferez un plaisir de prendre votre récréation avec quelques-uns de vos élèves, anciens ou actuels, qui viendraient vous voir, ayant soin de leur faire passer ce temps *agréablement* et *saintement :*

N'est-ce pas une première idée et comme un avant-projet bien conçu de cette institution qu'est le patronage ?

Le religieux, l'éducateur, le Clerc de Saint-Viateur en un mot, et sa Société, possèdent ainsi, tracé de main de maître, l'idéal à réaliser. Nous verrons plus loin qu'aux *Statuts* approuvés par le Saint-Siège et à ce *Directoire* général, le P. Querbes s'occupa d'ajouter deux compléments : le *Commentaire des Statuts* et les *Directoires particuliers*, ces derniers destinés à préciser la manière de s'acquitter des charges et emplois divers dans l'Institut. Il nous faut à présent voir la Congrégation à l'œuvre, c'est-à-dire écrire son histoire sous la direction du fondateur.

TROISIÈME PARTIE

Développement historique
de l'Institut

~~~~~~~~~~~~~~~~~

CHAPITRE PREMIER

Première période (1828-1838)

1. Premiers Clercs de Saint-Viateur et premières fondations.

L'acte de Grégoire XVI, approuvant la Congrégation
dont nous venons d'analyser les Constitutions, mettait
le sceau à tous les efforts précédents du fondateur et
couronnait admirablement son œuvre. Et cette œuvre
était celle de ses réflexions, de ses ferventes médita-
tions au pied du tabernacle. C'était aussi le fruit de
dix années d'expériences et d'adaptations pratiques.
Le caractère éminemment positif du P. Querbes lui
défendait, en effet, de s'en tenir aux théories purement
spéculatives : l'expérience de tous les jours dirigeait ses
réflexions.
~~~~~~~~~~~~~~~~~

Tandis qu'il rédigeait ses *Statuts*, obtenait toutes les autorisations désirables et dressait le *Directoire* de ses premiers maîtres, le fondateur groupait ses premières recrues, formait ses premiers disciples, fondait ses premières écoles. Il dirigeait tout lui-même, de son œil exercé, de son jugement sûr. Voyons-le à l'œuvre.

A peine a-t-il reçu quelques encouragements de l'administration diocésaine, qu'il s'empresse d'ouvrir une petite école normale dans son presbytère de Vourles. Faute de ressources et de local approprié, il se contente de préparer à l'enseignement trois garçons de la localité, élèves de son école paroissiale, parmi lesquels Antoine Thibaudier qui sera un de ses premiers religieux. C'étaient de bien faibles débuts, il faut l'avouer; mais l'humilité des commencements n'est-elle pas une marque des œuvres de Dieu?

Entre temps, le curé de Vourles prépare ses plans, et dès qu'il a obtenu du gouvernement de Charles X l'approbation civile, et de son archevêque au moins la faculté d'agir, le 26 juin 1830 il adresse une circulaire au clergé du diocèse. Malheureusement, à cette heure éclate la révolution de 1830 qui retardera la venue de nombreux sujets. Les esprits se calment pourtant, tandis que l'archevêque approuve officiellement l'Institut naissant. Le P. Querbes prononce aussitôt ses vœux de religion, et, quelques jours après, il admet dans les rangs de la Société ses deux premiers catéchistes, les FFr. Magaud et Liauthaud. Pierre Magaud était son instituteur paroissial depuis 1824; il l'avait formé longuement à ses méthodes et à l'esprit de sa Société; Pierre Liauthaud, au contraire, était une

Vourles. — Maison provinciale en 1903. — Maison où est mort le P. Querbes.

recrue inattendue que la Providence lui avait envoyée
quelques mois auparavant, mais une recrue de valeur
en qui son œil exercé et éclairé d'en haut avait reconnu
tout de suite une âme droite, un homme de Dieu, le
plus précieux de ses collaborateurs.

Né au hameau des Guibertes, commune du Monas-
tier (Hautes-Alpes), le 13 juin 1793, Pierre Liauthaud
avait alors trente-huit ans sonnés. Pendant près de
vingt ans, il avait rempli les fonctions de maître d'école
et de secrétaire de mairie à Saint-Bonnet-de-Cray,
département de Saône-et-Loire. Or, un jour, en par-
courant le *Bulletin des Lois*, il lut l'Ordonnance
royale du 10 janvier 1830 qui approuvait l'Institution,
à Vourles, d'une Association sous le nom de Saint-
Viateur. « Ce fut pour moi un trait de lumière », a-t-il
écrit. Il crut que Dieu l'appelait dans cette Société,
et il sollicita son admission du curé de Vourles. L'abbé
Querbes lui donna rendez-vous. C'était en 1831. La
rencontre se fit à Lyon ; et le soir la voiture de Vourles
les amenait ensemble. La première impression de ce
postulant de trente-huit ans, en arrivant dans le
pauvre presbytère du curé fondateur, fut un profond
désappointement. Cependant, après quelques jours
d'entretien, ces deux âmes se comprirent. Pierre Liauthaud fut gagné aux idées du pieux prêtre, pénétré
de respect pour ses vertus et d'un tel attachement
pour sa personne qu'il passa à Vourles tout le temps
des vacances.

Il y était encore, lorsque la Société fut approuvée
par Mgr de Pins. « A quoi bon attendre plus longtemps
pour en faire partie ? » se dit-il. Il s'y sentait conduit
comme par la main de Dieu ; son directeur, l'abbé

Querbes, en jugeait de même. Il fut donc heureux de s'y engager, en prononçant pour un an ses vœux de Catéchiste, « heureux, écrivait-il, de quitter des frères et des sœurs, pour trouver un père ». Les vocations soudaines et pourtant solides comme celle du Fr. Liauthaud sont très rares. D'ordinaire il faut les préparer de longue main. Le P. Querbes s'en rendait bien compte.

Ses deux catégories d'élèves, normaliens et latinistes, s'écrasaient dans son pauvre petit presbytère. Il fallait de toute nécessité acquérir un immeuble capable d'abriter un plus grand nombre d'aspirants, de servir de lieu de réunion pour les vacances, de devenir enfin le berceau et le chef-lieu de l'Association.

Dans cette intention il acheta un local adossé à l'église. Il le fit réparer, approprier aux besoins de l'œuvre. Ce fut le berceau de l'Institut, berceau modeste, mais suffisant pour les besoins de son enfance.

Restait à trouver le moyen de nourrir et d'entretenir les jeunes recrues que la Providence y amènerait. Il fallait des ressources. Le P. Querbes chercha à s'en procurer en organisant des Comités de patronage. Il se forma à Lyon, sous la présidence de M. Cholleton, vicaire général, un bureau de *Recteurs temporels* de l'*Œuvre de Saint-Viateur*. Le dévouement des membres du Comité et des adhérents procurèrent des secours pour parer au plus pressé, et l'on arriva ainsi à l'automne de 1832.

Dès cette année-là, le P. Querbes put fonder ses premières écoles. A ses deux Frères de l'année précédente, sont venus se joindre deux Confrères ou Agrégés

qui dirigent les écoles de Brignais et de Panissières
tandis que les FFr. Magaud et Liauthaud dirigent res-
pectivement celles de Vourles et de Francheville.
Rien de plus édifiant que la correspondance de ces
premiers Catéchistes avec leur supérieur. Frères et
Agrégés lui témoignaient une confiance sans bornes,
une obéissance absolue. Mal logés, mal payés, encouragés et soutenus par MM. les curés, mais en butte
souvent à la malveillance des maires, objet de tracasseries agaçantes, ils font gaiement leur œuvre, offrant
à Dieu peines et fatigues, racontant leurs contrariétés
à leur Père, lui demandant en toute occasion conseil
et direction. Avec quel plaisir ils reçoivent ses lettres
ou l'annonce d'une visite prochaine! Avec quelle
franchise ils lui ouvrent leur cœur dans leur compte
de conscience! Les Agrégés ne sont liés à lui que par
une promesse d'obéissance aux Statuts et aux usages
de l'Association. Mais ils tiennent fidèlement cette
promesse. Chacun possède un *Directoire* manuscrit
qui lui trace ses devoirs. Oraison, légende, lecture
spirituelle, chapelet, visite au Saint Sacrement,
retraite mensuelle, forment leur règle de vie ordinaire
comme celle des Frères. Ils traitent eux-mêmes et
pour leur compte avec les curés ou les communes qui
les emploient. Mais pour s'exercer à l'esprit de pauvreté, ils tiennent une note exacte de leurs recettes
et dépenses, et la présentent au P. Querbes, à l'époque
de ses visites et à la réunion des vacances. Alors
ils font avec les Frères une retraite commune de
huit jours pour se retremper dans l'esprit de leur
vocation.

Aux vacances de 1833, deux nouveaux établis-

éments furent fondés : Saint-Didier-au-Mont-d'Or
t Fontaine-Saint-Martin. Ces fondations furent bien
ccueillies du clergé et des fidèles. Les Catéchistes de
Saint-Viateur marquaient une réaction contre les
écoles mutuelles longtemps en vogue, mais que l'opinion commençait à réprouver; à l'exemple des Frères
de la Doctrine Chrétienne, ils ne pratiquaient que la
méthode simultanée. Fécondée par leur dévouement,
cette méthode obtenait des résultats qui faisaient
apprécier leur enseignement des populations rurales.
Leur conduite modeste et exemplaire était un apostolat; le concours qu'ils prêtaient aux curés pour la
tenue de la sacristie, pour le chant et les cérémonies,
les faisait considérer par eux comme de précieux auxiliaires.

2. Tentatives d'affiliations.

La marche suivie par le P. Querbes dans l'organisation de sa Société témoignait de beaucoup de clairvoyance, d'un sens très avisé des nécessités de l'époque.
C'est là apparemment, avec la confiance qu'on avait
en ses lumières et l'estime de ses rares vertus, ce qui
le désigna à l'archevêché pour une mission très difficile. *L'Institut des Petits Frères de Marie* traversait
alors une crise, ou plutôt une épreuve... Au mois de
décembre 1832, il avait fait, pour la troisième fois,
une démarche inutile aux fins d'autorisation. De plus,
toute une campagne de dénigrement et de calomnies
était menée contre le P. Champagnat et sa méritante
Congrégation. Mgr de Pins en fut ébranlé, mais plus
encore M. Cholleton à qui Sa Grandeur venait de

confier le soin de diriger toute la *Société de Marie*, Pères et Frères.

Après avoir exposé au conseil archiépiscopal la situation telle qu'il la connaissait, le digne vicaire général n'y trouva qu'un remède : unir les Frères Maristes aux Clercs de Saint-Viateur. Et il chargea le P. Querbes officiellement de préparer un projet d'union.

Des pourparlers s'ouvrirent et se continuèrent plusieurs mois ; mais l'entreprise aboutit où elle devait aboutir : à un échec. Les deux fondateurs apprirent dans cette négociation à s'estimer davantage ; leurs œuvres restèrent distinctes, pour l'honneur du diocèse de Lyon et l'ornement de la sainte Église de Dieu.

Une tentative un peu semblable avec une Congrégation naissante du diocèse de Belley n'eut pas plus de succès. C'était le troisième échec de ce genre que permettait la Providence ; mais encore quelques années et deux autres occasions se présenteront qui amèneront les plus beaux résultats. Dieu ne voulait-il pas tout d'abord donner à la jeune communauté du P. Querbes le temps de grandir, de se fortifier d'elle-même et permettre ainsi à ses membres de prendre, sans autre mélange, l'esprit unique de son fondateur ? En attendant, elle se développait. Les négociations du dernier projet d'affiliation attirèrent l'attention du clergé de Belley sur la communauté des Clercs de Saint-Viateur qui reçut dans le courant de l'année 1834 trois postulants de ce diocèse.

Cette même année, deux sujets d'élite donnèrent leur nom à l'Institut. Ce furent les Fr. Claude Robin et J.-Pierre Blein, tandis que cinq nouvelles écoles étaient ouvertes. Jusque-là toutes les fondations avaient eu lieu dans l'académie et le diocèse de Lyon. Mais déjà, de Grenoble, d'Autun, de Moulins, de Nevers, bientôt de Tulle et de Montauban arrivèrent des demandes pressantes de Catéchistes. Le moment va venir où l'Association de Saint-Viateur devra nécessairement franchir les limites étroites que lui assignait l'ordonnance royale d'approbation. Elle n'est pas gênée, pour l'instant, de s'y renfermer, car les sujets manquent ainsi que les moyens pour en augmenter le nombre ; les deux départements de la Loire et du Rhône offrent même un champ trop vaste à son activité.

Les premiers volontaires que le P. Querbes avait enrôlés sous la bannière de Saint-Viateur étaient, à une ou deux exceptions près, des hommes ou des jeunes gens déjà instruits et exercés. A part leur formation indispensable à la vie religieuse, ils n'avaient pas eu à se préparer de longue main à leurs fonctions d'instituteurs et de Catéchistes. Mais de telles vocations, en raison même de leur caractère tout providentiel, sont des exceptions. On ne peut y compter pour assurer le recrutement normal d'un Institut. Les éléments que le P. Querbes attendait surtout, ceux qu'il demandait à ses confrères dans le sacerdoce, et sur lesquels il graverait le plus facilement son empreinte, étaient des jeunes gens d'une quinzaine d'années, déjà pourvus d'une instruction primaire convenable. Il trouverait de ces recrues ; mais tout lui manquait pour les former : les collaborateurs, le local et les ressources ; car la charité à laquelle il s'était adressé ne lui venait pas encore en aide.

3. Le Poyet.

La Providence envoya quelques hommes au P. Querbes et sembla même lui offrir un local. Sur les indications, avec l'encouragement et certaines promesses de l'archevêché, il acquit, en septembre 1835, le château du Poyet, à trois lieues de Montbrison, dans les monts du Forez. L'œuvre de charité qu'il avait organisée à Lyon lui vint en aide pour cet achat. Restaient de grosses difficultés pour les réparations urgentes et l'aménagement; il fallait trouver le personnel nécessaire pour la direction et le service.

Vers la fin de janvier 1836, il s'y rend, par le froid et la neige, avec trois compagnons, jeunes Frères ou novices. Il trouve la maison vide, nue, désolée, abritant des corneilles et des oiseaux de proie. Mais ce dénuement ne l'effraye pas; il s'installe avec ses compagnons dans les deux ou trois pièces habitables, partage au début les repas de bons voisins qu'il édifie par son entrain et son esprit de foi. Après quelques semaines d'un travail acharné, où l'intrépide supérieur a mis la main à tout, dirigé maçons et menuisiers, réuni quelques provisions, le vieux château est prêt à recevoir ses nouveaux habitants, à condition qu'ils ne soient pas plus exigeants que le fondateur.

Une chapelle provisoire y fut aménagée; on attendait l'aumônier annoncé, le pieux abbé Charles Faure, alors vicaire à Bourg-Argental, qui avait résolu de se dévouer à l'œuvre des Clercs de Saint-Viateur. Mais il dut attendre assez longtemps l'arrivée de son successeur, tandis que le P. Querbes revenait à Vourles, vers le 10 mars, pour préparer ses enfants à la première

Communion et ses paroissiens au devoir pascal. On vécut d'expédients pendant près de trois mois.

Cependant M. Faure, libre enfin, arrivait au Poyet, le 26 mai. Le P. Querbes l'y attendait; il le reçut les bras ouverts avec de grands sentiments de joie et de reconnaissance. A partir de cette époque, il s'établit entre le P. Querbes et « son cher compagnon » un commerce assidu de lettres qu'il suffirait de suivre pour retracer jour par jour l'histoire du Poyet. L'abbé Faure se mit généreusement à l'œuvre; le P. Querbes éprouva un grand soulagement à partager avec lui le lourd fardeau.

Pendant l'été de 1836, il dut cependant plusieurs fois s'imposer les fatigues d'un voyage au Poyet pour l'aider à diriger les travaux de la chapelle en cours de construction. La préoccupation de laisser sa paroisse ajoutait un souci à ses fatigues. Mais il revenait avec la joie d'avoir obligé et encouragé un confrère, fait plaisir à ses enfants, constaté les progrès de sa maison et avec l'espoir qu'elle contribuerait à la gloire de Dieu.

La chapelle, bien modeste, était à peu près terminée au commencement de septembre. Il eut l'heureuse idée de la bénir et de l'inaugurer en présence de toute sa communauté. Il convoqua, cette année, tous ses enfants au Poyet, les pressant d'y arriver exactement au jour fixé. Lui-même quitta Vourles le 19 septembre, avisa en route l'abbé Faure qui alla prendre sa place et s'installa un mois au Poyet. Les premiers jours d'octobre tous les Clercs de Saint-Viateur accoururent, avides et fiers de voir leur second établissement principal dont on les avait entretenus l'année précé-

dente. Les postulants ne dépassaient guère encore la
demi-douzaine, mais chacun en avait cherché dans sa
paroisse respective, chacun en proposait à l'admission
du supérieur ; le choix fait, ils seraient quinze au mois
de décembre. L'avenir de leur chère famille leur paraissait donc plein d'espérance.

Les conférences de leur Père les confirmèrent dans
cette impression. Il put leur distribuer à tous un
exemplaire imprimé du *Directoire*, le guide de leur
vie religieuse. Il leur raconta les attentions de la Providence à son égard, le dévouement des *Recteurs
temporels*, la bienveillance et les encouragements du
Conseil archiépiscopal, les nombreuses demandes de
sujets qui lui étaient arrivées de plusieurs diocèses,
preuve évidente du bon renom dont l'Institut jouissait déjà, et les moyens qu'il avait de satisfaire à plusieurs. Aussi quand la retraite commença, les cœurs
vibraient à l'unisson des mêmes sentiments, les âmes
baignaient dans une atmosphère de bonheur et de confiance. Le présent était faible encore, le château qui
les abritait bien pauvre, mais cette faiblesse avait les
promesses de la force, cette pauvreté était riche d'espérances. L'abbé Faure n'appartenait encore à la
famille qu'en désir ; il vint s'y joindre pour la retraite
qui s'ouvrit le 15 octobre. Il aida même le P. Querbes
à la prêcher, et les fruits en furent abondants si l'on
en juge par les sentiments exprimés dans les lettres
des religieux, pendant les mois qui suivirent.

Trois écoles nouvelles s'ajoutèrent à la liste des
anciennes : Saint-Martin-de-Lestra, Saint-Marcel-
de-Félines, dans le diocèse de Lyon, et Saint-Sulpice,
dans la Nièvre. En acceptant les deux premières, le

P. Querbes avait cédé sans nul doute à d'excellentes raisons, mais leur existence ne se prolongea pas au delà de quelques années. La troisième était assise sur des bases solides, qui lui assuraient une longue durée.

Le directeur de Saint-Sulpice fut le Fr. Thibaudier, un des plus jeunes enfants du P. Querbes — il n'avait encore que vingt et un ans, — mais un des plus pieux et des plus dévoués. Sa conduite prudente, ses succès dans l'enseignement, ses excellents rapports avec M. le curé et la fondatrice devaient faire grandement apprécier la communauté à Saint-Sulpice et dans les environs.

Après la Saint-Viateur et les cérémonies des vœux, la famille réunie au Poyet s'était séparée, réconfortée par les grâces de la retraite et par un mois de vie commune, sous la paternelle direction du fondateur. Le P. Querbes, rentré à Vourles, bien consolé par les sentiments de ses fils spirituels, laissait pourtant le Poyet bien pauvre. Un mois après son départ, la neige « venait encore s'emparer du grenier » ; la salle d'étude était pourvue « d'un poêle, mais il y manquait toujours un quinquet ». M. Faure écrira : « Nous avons mangé pour vingt-cinq francs de viande pendant cinq semaines. » Ouvriers et fournisseurs n'étaient pas encore payés ; et il fallait faire vivre la petite communauté avec des ressources mal assurées. C'étaient là de petits points noirs sur l'horizon. Mais le P. Querbes comptait bien que la Providence, à qui il avait l'habitude de s'abandonner, et ses instruments ordinaires, les Recteurs temporels, trouveraient le moyen de les dissiper.

4. Difficultés : port de la soutane, Université, etc.

D'autres déboires étaient cependant réservés au
P. Querbes. Peu de temps après sa rentrée à Vourles,
un gros nuage passa tout à coup sur son ciel. Dieu le
soumit à la plus rude épreuve qu'il eût soufferte
jusque-là. Le 24 novembre, le courrier lui apporta
une note brève du Conseil archiépiscopal et signée de
M. Cattet, vicaire général, l'invitant à choisir pour
ses religieux un autre costume que celui qu'ils portaient. Ce fut comme un coup de foudre survenant
sans aucun avis préalable. Atteint en plein cœur, le
P. Querbes ne se découragea pourtant pas. Il écrivit
une lettre de justification, respectueuse, mais ferme,
dans laquelle, tout en protestant de sa parfaite obéissance, il demandait au vicaire général, auteur de la
note, de vouloir bien juger sa Société par ses œuvres
et non d'après quelques rapports qu'il lui serait facile,
ajoutait-il, de réduire à leur valeur « en rompant le
silence que nous nous sommes imposé à cet égard ».

Puis, sans en rien dire à d'autres, il allait déverser
dans le cœur de M. Cholleton, le vicaire général
chargé officiellement de diriger les Clercs de Saint-
Viateur, la douleur que cet incident lui avait causée.
Il lui exposa aussi ses autres sujets de peine, en un
mot, tout ce qui, malgré son admirable confiance en
Dieu, accablait son âme de tristesse et lui faisait écrire
à M. Faure :

M'avez-vous jugé favorablement à travers ce long
silence de ma part ? Vous l'auriez fait si vous connaissiez
toutes les misères que j'ai éprouvées, *ita ut taederet nos
etiam vivere.*

M. Cholleton fut l'ange qui le consola dans cette espèce d'agonie. D'ailleurs, cette affaire n'eut pas de suite. Finalement les choses restèrent en l'état. Les Catéchistes formés conservèrent leur soutane, les Catéchistes mineurs qui la portaient la conservèrent aussi ; le P. Querbes continua d'en revêtir ceux qui émettaient les vœux perpétuels, avec l'autorisation, certainement, de M. Cholleton et de l'archevêché Rien n'indique que la défense ait été rapportée, mais Msr d'Amasie n'en tint pas compte. Au mois de juin de cette année 1837, pendant sa tournée de confirmation, il visita la maison du Poyet en compagnie de deux vicaires généraux, MM. Barou et Cholleton, adressa la parole à la petite communauté réunie à la chapelle et « exprima son entière satisfaction ». La bénédiction de Monseigneur, sa bienveillance, les dispositions favorables des grands vicaires laissèrent la meilleure impression aux enfants du P. Querbes. Dès le lendemain, ils écrivaient à leur Père :

La journée d'hier ne sera pas de petite conséquence pour l'avenir de la Société. Tout nous a paru du meilleur augure.

Cette interdiction de la soutane avait d'abord brisé le cœur du P. Querbes ; elle avait pu lui laisser croire qu'il avait perdu la confiance de ses supérieurs, les sympathies mêmes de ses meilleurs amis. Épreuve douloureuse entre toutes, elle tournait finalement à son avantage ; non seulement elle faisait apprécier, une fois de plus, sa soumission à l'autorité et son abnégation, mais elle lui ouvrait les yeux : et ce fut sans nul doute une [raison de se tourner vers Rome pour donner à son œuvre la stabilité nécessaire. A partir de ce jour, il y songea, avec les encouragements de Mgr l'Archevêque lui-même.

Vers le même temps, l'Université lui suscitait d'autres difficultés. C'était au sujet de son petit pensionnat de Vourles. Ici encore le P. Querbes vint à bout de les surmonter. D'habiles démarches eurent pour résultat d'empêcher la fermeture immédiate de l'école cléricale de Vourles par voie administrative. En soutenant dans un cas particulier la grande cause de la liberté d'enseignement, le curé de Vourles soutenait un principe. Mais à d'autres points de vue, il eût beaucoup gagné à perdre sa cause. Fondé, en effet, pour lui procurer des ressources, le petit collège de Vourles ne lui avait guère rapporté que des ennuis, des mécomptes et un surcroît de besogne écrasant; et quand, sous le poids de ces épreuves, le pauvre curé de Vourles voulut voir clair à ses affaires, il les découvrit dans un état lamentable : c'étaient des dettes de tous côtés, aux libraires, aux fournisseurs, avec des créances véreuses et le vide absolu dans la caisse pour y faire face. Il avait d'ailleurs été victime de procédés malhonnêtes.

Encore si la maison de Vourles eût été seule dans la détresse! Mais celle du Poyet souffrait d'une égale indigence. Et il y avait là une trentaine de personnes, maîtres ou postulants; l'hiver y était long et rigoureux. « De l'argent, envoyez-moi de l'argent; nous n'avons plus rien », écrivait le P. Faure, qui cependant n'exagérait jamais la situation et ne perdait pas son espoir en Dieu. Le cri de ses enfants perçait le cœur du Père et lui faisait oublier ses propres besoins. « Je vous envoie mon dernier morceau de pain, le mandat que je viens de toucher », répondait-il au P. Faure.

Néanmoins, la Providence veillait sur lui avec une miséricordieuse bonté. Une quête faite par le P. Faure et le Fr. Mermet suffit à couvrir les dettes les plus criardes de la maison du Poyet. Pour couvrir celles de Vourles, les demoiselles Comte y pourvurent d'une manière aussi généreuse que délicate. Le 30 septembre 1837, tous les créanciers étaient satisfaits, mais l'expérience avait éclairé le P. Querbes sur les résultats à attendre de son école cléricale ; et aux vacances de cette année-là, il dirigeait vers le Séminaire de Saint-Jodard, pour qu'il y suivît le cours de rhétorique, son meilleur élève, le boursier de Mlle Lamouroux, celui qui devait être plus tard le P. Bojat.

A travers toutes ces difficultés, l'œuvre du P. Querbes faisait néanmoins son chemin. Au début de l'année scolaire 1836-1837, le vénéré fondateur avait ouvert l'importante école du Donjon (Allier). La capacité et les succès scolaires de ses enfants attiraient sur eux les yeux pourtant prévenus de l'Université. Le plus admirable de tous était assurément le Fr. Liauthaud, à Panissières.

Dans ce poste difficile, où il avait à lutter contre la municipalité et contre l'instituteur qu'elle soutenait, il avait réussi, en deux ans, à porter de soixante-dix à cent cinquante le nombre de ses élèves. Mais sur ce nombre, quatre-vingts à quatre-vingt-dix étaient admis gratuitement, et il ne touchait des autres qu'une infime rétribution scolaire. Il y vivait au jour le jour avec ses adjoints, « n'ayant jamais un centime à sa

disposition pour le jour suivant, gagnant à peine de
quoi s'entretenir lui-même », obligé de prolonger les
classes jusqu'à la fin du mois de septembre pour pouvoir ramasser « les quelques sous néçessaires à son
voyage de Vourles ». Cette situation ne l'attristait pas ;
s'il la constatait, ce n'était pas pour s'en plaindre. Il
reprenait la lourde tâche avec la même belle humeur,
sentiment inaltérable chez lui, parce que la source en
était profonde. Elle jaillissait d'une conscience scru-
puleusement fidèle à tous ses devoirs. Devoirs religieux
d'abord ; tout était réglé dans sa maison, « les heures
de l'école comme les heures du travail. Il n'avait
aucun rapport avec les hommes du dehors. Il ne faisait aucune visite, et ne permettait pas à ses confrères
d'en faire ».

Devoirs professionnels ensuite, il consacrait « tous
les jours plus d'une heure au catéchisme ». Cela, bien
entendu, sans aucun préjudice pour les matières profanes. Par ses succès dans l'enseignement, par sa conduite irréprochable, pleine de prudence et de tact,
il ne gagna pas seulement l'estime de son concurrent
officiel qu'il avait pourtant coulé : il s'acquit de plus
une excellente réputation dans tous les environs.
C'était le Clerc de Saint-Viateur modèle. On s'adressait à lui comme au P. Querbes pour les vocations
à proposer, les renseignements à demander, les fondations d'écoles, pour tout ce qui intéressait la jeune
Congrégation.

De tels mérites attiraient sur la communauté les
bénédictions de Dieu. Aussi les demandes affluaient-
elles de tous côtés. Pendant que le préfet de la Loire
demandait au P. Querbes un professeur pour l'école

normale de Montbrison, la municipalité de Saint-Étienne lui faisait proposer la direction de l'école des sourds-muets de cette ville.

Mais on n'avait qu'un petit nombre d'ouvriers pour subvenir à ces besoins. En attendant, il se faisait une rude et bonne besogne au Poyet, dans l'atelier où les ouvriers se préparaient. Maîtres et élèves y rivalisaient d'ardeur pour le travail avec une bonne humeur et un entrain qui ne savaient pas s'apercevoir des privations imposées par la pénurie des ressources. Profitant des premiers jours de liberté que lui laissait son ministère paroissial après le temps de Pâques, le P. Querbes alla les visiter. Il fut vivement consolé de tout ce qu'il y constata.

Le P. Faure jouissait dans la maison de l'estime de tous ; on rendait hommage à sa grande piété, on acceptait son autorité. Toutefois, pour prévenir des conflits, le prudent supérieur détermina plus exactement le rôle respectif du directeur spirituel qui était le P. Faure, et du directeur des études qui était le Fr. Mermet ; il leur assigna leurs attributions dans une note qui se terminait par ces mots, traduisant bien ses dispositions habituelles : « Pour tout le reste, confiance en Dieu, *qui de tantis periculis nos eruit, et oremus pro invicem.* »

5. Premier Discrétoire. — Visiteur, etc.

A Vourles, en 1837, le mois de conférences fut marqué par un événement important : la réunion du premier *Discrétoire* ou *Conseil de l'association.*

Voici le résumé des principales résolutions consignées dans le procès-verbal des séances :

1° Dieu ayant béni la Société par un nombre suffisant de sujets, il y a lieu de réunir le *Discrétoire*, bureau ou Conseil.

2° Il se réunira au moins une fois l'an, à l'époque des vacances, pour les promotions aux divers rangs des Catéchistes.

3° Après les études faites au Poyet, les postulants passeront par la maison de formation ou noviciat de Vourles, avant d'être admis à la profession.

4° Les Catéchistes formés continuent de porter la soutane sans queue avec boutons plus espacés, cordon à la place de la ceinture. Les Catéchistes mineurs, ainsi que les postulants et les junévistes eux-mêmes, porteront la redingote.

5° Enfin, dans une pensée de reconnaissance envers les bienfaiteurs ou *Recteurs temporels* de l'Institut, le Discrétoire décidait qu'une messe serait dite pour eux tous les mois et que tous les Catéchistes réciteraient le chapelet à leur intention une fois par semaine.

Toutes ces décisions reçurent l'approbation de Mgr l'archevêque le 30 novembre 1837. Ainsi se trouva réglée la douloureuse question de la soutane restée jusque-là en suspens. Mais l'importance du premier Discrétoire ne tient pas uniquement à cet heureux résultat. Il marque la date à partir de laquelle le P. Querbes associe les principaux d'entre ses religieux au gouvernement de sa communauté.

La retraite termina la réunion. Elle fut prêchée par un Jésuite, le P. Brumauld, et se clôtura par une belle cérémonie présidée par M. Cholleton : le 21 octobre, fête de saint Viateur, dix postulants furent reçus Catéchistes mineurs, un onzième admis Aide-temporel.

A cette date, 21 octobre 1837, la Congrégation diocésaine atteint son point culminant. Elle vient de traverser les plus rudes épreuves, mais ces épreuves ont fortifié sa vitalité au lieu de l'affaiblir. Par ses succès, par la conduite de ses membres comme par la vertu de son fondateur, elle a non seulement fait tomber toutes les préventions, mais forcé l'estime et gagné la confiance du clergé et des fidèles. En remplissant ses cadres, en élargissant son champ d'action, Dieu lui montre et lui prépare une autre destinée.

A l'automne de 1837, elle fonde les écoles d'Ambierle (Loire), de Brangues (Isère); au début de 1838, par reconnaissance envers les Pères Jésuites, celle de La Louvesc, la célèbre localité de Viviers qui garde le tombeau de saint François Régis, l'apôtre du Vivarais; enfin, le 18 janvier de la même année, M. Puillet, recteur de Fourvière, après entente avec le Conseil archiépiscopal, demande au P. Querbes deux Frères pour desservir l'illustre sanctuaire de Marie.

— Quelle que soit notre pénurie, il n'y a pas à hésiter, pense le P. Querbes, la Sainte Vierge nous dédommagera.

Et il promet les deux Frères en exprimant sa reconnaissance pour la confiance dont on honore son Institut.

L'acceptation et l'ouverture de la sacristie de Fourvière portait à quinze le nombre des maisons de l'Institut. Elles se répartissaient entre six départements et cinq diocèses, ceux de Lyon, de Grenoble, de Viviers, de Moulins et de Nevers.

Le nombre des religieux était de trente, non compris les Agrégés qui n'atteignaient pas d'ailleurs le chiffre de dix. La maison du Poyet comptait une trentaine de postulants de divers âges, les uns sur le point de terminer leurs études et leur postulance; les autres, plus jeunes, venaient seulement de les commencer.

Le meilleur esprit régnait dans la maison, grâce principalement à la communion fréquente que maîtres et élèves faisaient tous deux fois, et beaucoup trois fois par semaine, ce qui était rare pour l'époque et scandalisait presque le bon Fr. Liauthaud lui-même. Mais il était le premier à se réjouir de la ferveur qui régnait au Poyet. Pour le P. Querbes, les renseignements qu'il reçut du P. Faure, à l'occasion du jour de l'an, furent ses meilleures étrennes.

Mais tandis que la maladie épargnait ses enfants, elle le frappait durement lui-même, au point de lui faire écrire à M. Cholleton : « *Formido mortis cecidit super me.* » Une lettre du P. Faure vint un peu le consoler. Le 2 février 1838, celui-ci prononçait ses vœux de Catéchiste mineur.

Dans les maîtrises (1), l'esprit qui animait les religieux n'était pas moins bon que celui du Poyet. Mais il demandait à être entretenu par l'action du supérieur. Le P. Querbes, retenu par les soins à donner sa paroisse, ne pouvait guère s'absenter. Il confia donc au Fr. Liauthaud la visite des maîtrises les plus éloignées, se réservant pour lui-même les écoles de la banlieue lyonnaise et de l'Isère.

Depuis près d'un an, tous les confrères avaient le *Directoire* entre les mains. Grâce à cet excellent

---

(1) *Maîtrises* ou *régences*, nom donné par le P. Querbes aux écoles (plusieurs parfois) placées sous l'autorité d'un directeur ou *régent.*

Les Ternes (Cantal) Le Château. — Direction provinciale.

petit code de vie religieuse, grâce aussi aux *méthodes de Lecture* et de *Calcul* composées par le P. Querbes à l'usage de ses maîtres, la petite communauté des Clercs de Saint-Viateur pouvait vraiment faire son chemin. L'approbation romaine obtenue bientôt après, en mettant le sceau de la stabilité à l'œuvre de l'intrépide curé de Vourles, lui imprimera un nouvel élan vers le développement de ses écoles et la perfection de ses membres.

CHAPITRE II

Deuxième période (1838-1844)

1. Organisation. — Noviciat. — Le Poyet. — Nevers.

Nous avons dit ailleurs les démarches faites à Rome avec un plein succès par le P. Querbes, et sa rentrée à Vourles le 13 octobre 1838. La retraite annuelle suivit immédiatement son retour triomphal. Elle fut, comme la précédente, prêchée par le P. Brumauld; mais cette fois les instructions du prédicateur laissèrent une large place aux conférences du Père fondateur. Il expliqua à ses enfants, avides de l'entendre, les changements apportés par Rome aux Statuts de la Société, s'étendit longuement sur les obligations nouvelles qui en résulteraient pour eux, et recommanda surtout deux points : la pratique exacte du vœu de pauvreté et la direction spirituelle. Sa parole fut docilement écoutée, comme le démontre la correspondance des Catéchistes pendant les années suivantes.

Les changements aux Constitutions modifiaient la portée des obligations contractées; les Catéchistes furent invités à renouveler leurs vœux, en conformité des Statuts approuvés par le Saint-Siège. La plupart le firent joyeusement, heureux de s'unir à Jésus-Christ par des liens mieux définis et plus étroits; aux

timides on accorda un délai et le temps de la réflexion.
Pour les aider à prendre une décision, comme aussi
pour répondre à la ferveur des premiers, il fut convenu que l'année scolaire serait abrégée partout où
ce serait possible, et que chacun viendrait passer le
temps ainsi gagné, avec celui des vacances, au noviciat régulier qui allait s'ouvrir. Avec cette perspective
souriante, tout chargés des grâces de la retraite et des
bénédictions que le Père fondateur avait apportées de
Rome, les Clercs de Saint-Viateur regagnèrent leurs
postes. L'un d'eux, le Fr. Pierre Blein, alla fonder
l'école d'Amplepuis (Rhône). Il devait y remplir une
longue et féconde carrière de quarante-sept ans et
y terminer une vie religieuse exemplaire; l'établissement devait avoir, lui aussi, une belle histoire.

Jusque-là, la maison de formation de Vourles avait
été une école normale autant qu'un noviciat. Certaines
circonstances expliquaient facilement cette situation.
Mais à présent que l'Institution était érigée en Congrégation régulière, il fallait, conformément aux saints
Canons, aux décrets du Concile de Trente et aux
Statuts récemment approuvés, faire précéder la profession d'une année de noviciat régulier. De la fidélité
à observer ce point capital dépendaient l'avenir, la
réalisation du souhait de Grégoire XVI : *Crescite et
multiplicamini*. Le P. Querbes résolut donc de mettre
tout en œuvre et de n'épargner aucun sacrifice pour
constituer au plus tôt son noviciat. Il a besoin d'un
local approprié et d'un maître des novices; il se les
procurera à tout prix.

Le local, il l'a sous la main, à la condition de fermer
le pensionnat qui l'occupe en partie et de l'aménage-

ensuite pour sa nouvelle destination. C'est ce qu'il n'hésite pas à faire malgré sa pauvreté. Les réparations étaient terminées au mois d'avril 1839.

Quant au maître des novices, le P. Querbes fait choix d'un religieux dont nous avons parlé, qu'on n'appellera plus que le P. Liauthaud. Son âge, son expérience, ses vertus, la confiance et l'estime dont il jouissait auprès de ses confrères, l'avaient aussi désigné aux yeux de tous.

Pour le préparer à cette charge délicate, le P. Querbes l'envoya d'abord suivre, chez les Pères Jésuites d'Avignon, pendant un mois, les grands exercices de saint Ignace. Le P. Liauthaud ignorait encore les desseins de son Supérieur ; et de sa solitude il pouvait s'écrier sans même avoir le sentiment de ses responsabilités futures : « Heureux, mille fois heureux, si je sais un jour profiter des leçons salutaires que je reçois ici ! » Il en profita, d'après un bon juge, le P. Brumauld lui-même, qui alla le voir dans le courant de la quatrième semaine de la retraite. Pour mieux le former, on lui remit, outre le *Livre des Exercices*, le Règlement des novices et « un manuscrit d'environ deux cents pages contenant des instructions pour la direction intérieure et extérieure dans chaque action de la journée ». Grâce à ses dispositions personnelles et à l'excellence de ses guides, le P. Liauthaud revint d'Avignon avec une ample provision de spiritualité. Il en eut tout de suite l'emploi ; car dès son arrivée à Vourles, vers le 15 mai, le P. Querbes lui annonça officiellement sa nomination comme maître des novices.

A vrai dire, le noviciat existait depuis le mois de

novembre précédent; les fonctions de maître des
novices avaient été remplies, tantôt par le P. Querbes,
tantôt par le P. Favre. Mais on attendait l'arrivée du
P. Liauthaud pour en faire l'inauguration solennelle.
Elle eut lieu le 7 juin 1839, en la fête du Sacré Cœur,
à la suite d'une neuvaine prêchée par le P. Brumauld.
La ferveur des novices était admirable; témoin de
leurs progrès dans la vie spirituelle, le P. Querbes
en éprouvait la plus douce consolation.

Pour s'installer, pour se pourvoir de ses éléments
et de ses organes essentiels, le noviciat de Vourles
entraîna la disparition du petit pensionnat, ce qui fut
un grand bien, et de plus l'abandon du Poyet et la
fermeture de l'école de Panissières.

Après avoir fourni au noviciat ses meilleurs éléments, le Poyet aurait pu conserver encore un noyau
de jeunes aspirants pour l'année scolaire suivante.
Mais par le nombre, sinon par la qualité de ses recrues,
il n'avait pas répondu pleinement aux espérances du
P. Querbes. D'ailleurs, la maison de Vourles, réparée
et agrandie, pouvait loger convenablement de cinquante à soixante personnes. Pourquoi ne pas placer
côte à côte noviciat et juvénat? Ces deux œuvres
seraient ainsi constamment sous les yeux du Supérieur, et elles pourraient fonctionner sans trop se gêner
mutuellement.

Il faut dire aussi qu'au moment où il fermait la
maison du Poyet, le P. Querbes croyait la remplacer
avantageusement par celle qu'il se proposait d'ouvrir
à Nevers. En effet, lors d'une visite du P. Liauthaud
à l'école de Saint-Sulpice (Nièvre), un noble châtelain,
M. le vicomte de Maumigny, offrait de céder gratui-

tement au P. Querbes un bel immeuble pour l'établissement d'un noviciat. Et là ne s'arrêtait pas sa générosité. Sans prendre aucun engagement, il était disposé à aider aux frais de premier établissement. L'offre était sérieuse et ferme. On n'avait qu'à dire oui pour que l'affaire fût aussitôt conclue.

Cette propositon était faite au P. Querbes au moment où celui-ci allait partir pour Rome. Il ne pouvait que l'accueillir en principe. Mais quelque temps après son retour de la Ville Éternelle, le P. Querbes accepta volontiers cette proposition qui lui paraissait vraiment avantageuse, et il envoya à Nevers le P. Faure avec deux postulants. La maison destinée à la petite colonie n'était pas prête; les cœurs l'étaient heureusement, et on se garda bien de la laisser repartir. Grâce à l'école de Saint-Sulpice qui avait trois ans d'existence, et à celle de Germiny, ouverte l'été précédent, les Clercs de Saint-Viateur n'étaient pas des inconnus dans le diocèse de Nevers. Se présentant d'ailleurs sous les auspices de M. de Maumigny, de M. Frain, supérieur du Séminaire, et de Mgr l'évêque, le P. Faure devait être partout bien accueilli. Sa piété et sa modestie complétèrent l'effet de ce haut patronage et lui acquirent l'estime de tous les ecclésiastiques.

Il constata l'état lamentable des paroisses rurales et le besoin urgent d'écoles chrétiennes. Cette considération même lui déguisa la difficulté qu'il y aurait à recruter de bonnes vocations dans un tel milieu. Les vocations sont des plantes qui tirent leurs éléments du sol où elles poussent. Un sol peu ou point chrétien ne peut produire que de rares vocations religieuses.

C'est ce qui devait arriver en Nivernais en dépit

de l'estime, de la sympathie et du dévouement dont ne cessèrent d'entourer l'œuvre naissante, l'insigne bienfaiteur que fut le vicomte de Maumigny, le clergé du diocèse ainsi que le vénérable évêque lui-même, Mgr Naudo.

L'année d'ailleurs se passa assez bien. Au mois d'août le junévat comptait neuf postulants parmi lesquels se trouvait le jeune Charles Saulin ; et, à ce moment, il aurait fallu avoir beaucoup de perspicacité pour pronostiquer l'échec de cette fondation. Les symptômes de fragilité n'étaient pas, au premier coup d'œil, aperçus des observateurs du dehors. Aussi excitait-elle l'envie des diocèses voisins. Bourges, Moulins, Dijon, Autun surtout auraient voulu avoir des Clercs de Saint-Viateur comme maîtres d'école, et un établissement principal qui les leur préparât. On savait que le jeune Institut était approuvé à la fois par l'État et par le Saint-Siège, ce qui le mettait dans une situation privilégiée parmi les Instituts similaires.

J'ai acquis une vaste propriété dans le Charolais, écrivait Mgr d'Héricourt, évêque d'Autun ; je la mets à votre disposition ; établissez-y une maison comme celle de Nevers.

Les diocèses où l'Institut était déjà implanté réclamaient, de leur côté, le droit d'être les premiers servis. Pressé par tant de demandes, le fondateur, si déférent envers l'autorité épiscopale et si confiant en ses confrères dans le sacerdoce, n'avait pas le courage de suivre toujours le conseil du P. Cauneille : *La seule réponse à faire est plus sage que gracieuse :* « *ad impossibile nemo tenetur ;* à l'impossible nul n'est tenu ». Il prenait des engagements dans la limite du possible, quelquefois même au delà. C'est bien ce que pensait et lui écrivait, de Bordeaux, le P. Brumauld, au mois de décembre 1839 : « Je commençais à me tourmenter de vos concessions... C'était donc beaucoup, beaucoup ! »

Ce jugement d'un ami sincère et clairvoyant nous paraît devoir être celui de la postérité. On doit regretter, avec le P. Brumauld, que le P. Querbes n'ait pas mieux su se défendre contre l'importunité des demandes et contre le désir d'étendre son Institut. Son œuvre y perdit en solidité et en profondeur ce qu'elle gagnait en extension. Mais on ne peut que rendre justice à la pureté de ses intentions, à l'ardeur de son zèle, admirer sa confiance en Dieu, son activité à procurer le bien, sa droiture constante, la hauteur de son âme et la noblesse de son cœur.

Les brèches à l'intégrité du noviciat (1), dont se plaignait le P. Brumauld, s'expliquent par l'établissement de deux nouvelles maîtrises dans la Nièvre, en 1839.

Elles s'élargirent quelque peu encore en 1840 par de nouvelles fondations dans les diocèses de Nevers, d'Autun, de Moulins et de Rodez. Celle de Salles-Curan, dans ce dernier diocèse, fut de beaucoup la plus heureuse. Inspirée au P. Querbes par l'amour du pays de ses origines, préparée par lui dans un voyage qu'il y fit au mois de novembre 1839, chaudement recommandée par M. Debord, vicaire général de

---

(1) Le Statut XII donnait au Supérieur la faculté d'abréger la durée du noviciat sous forme de dispense.

Mᵍʳ Giraud, elle introduisait son Institut dans une contrée à la foi vive, aux mœurs simples et pures, éminemment fertile en vocations.

2. Détresse financière. — Relèvement. — Constructions.

En attendant, la Providence comblait les vides à mesure que la nécessité les produisait. Le noviciat de Vourles comptait, au mois de mai 1840, trente-quatre sujets, et le juvénat, une vingtaine d'aspirants. Malgré l'état languissant de la maison de Nevers, l'année 1840 aurait donc été pour l'Institut de Saint-Viateur une année relativement prospère à ne considérer que le nombre des établissements nouveaux et celui des postulants. En réalité, elle fut une année de dures épreuves, et faillit s'achever dans une catastrophe. Aussi le P. Querbes était-il tenté de s'approprier le mot d'Isaïe : *« Multiplicasti gentem et non multiplicasti laetitiam.* Vous avez multiplié votre peuple sans augmenter son bonheur. »

La première de ces épreuves fut le renouvellement de l'administration diocésaine. Le cardinal Fesch était mort à Rome le 13 mai 1839. Son successeur désigné était décédé avant d'avoir pu prendre possession de son siège. Ce ne fut qu'une année après la mort de l'archevêque titulaire que Mᵍʳ de Bonald, précédemment évêque du Puy, faisait à Lyon son entrée solennelle.

Dans le nouvel archevêque, le P. Querbes allait sans doute retrouver la bonté et le dévouement que Mᵍʳ de Pins lui avait témoignés pendant les quatre dernières années, avec, en plus, le prestige d'un grand nom et une protection plus puissante. Mais, plus ferme que celle de son prédécesseur, l'autorité de Mgr de Bonald était aussi plus consciente d'elle-même, plus jalouse de ses prérogatives, plus chatouilleuse et moins douce. Des trois vicaires généraux anciens, seul M. Barou restait en charge. MM. Cattet et Cholleton se retiraient. Leurs successeurs devaient entourer le P. Querbes d'estime et d'affection; ils ne pouvaient pas prendre à son œuvre le même intérêt que ceux qui en avaient vu les pénibles commencements, qui en avaient suivi les progrès et qui souvent y avaient collaboré de leur personne. La retraite de M. Cholleton surtout le privait d'un conseiller et d'un père.

Trois jours après son arrivée à Lyon, le 5 juillet, Mgr de Bonald voulut bien, dans une ordination *extra tempora*, conférer le sacerdoce au P. Hugues Favre. Surmontant ses scrupules, cet excellent religieux s'était décidé, sur l'avis de son Supérieur, à se faire ordonner. Devenu prêtre il sera, pour le Père fondateur, un collaborateur modeste mais très précieux : il sera nommé et restera jusqu'à la mort du P. Querbes, sauf une courte interruption, vicaire de la paroisse de Vourles et vicaire de l'Institut. A ce premier acte de bienveillance, Mgr de Bonald ne tarda pas à en ajouter un second. Vers la fin du mois de juillet, il reçut le Bureau des Recteurs temporels qui lui fut présenté par son président, M. de Verna. Il répéta à ces messieurs, quant au sens, ce qu'il écrivait un mois auparavant au P. Querbes, en réponse à sa lettre de félicitations et à ses souhaits de bienvenue :

Vous pouvez être assurés de tout le zèle que je mettrai à soutenir votre œuvre; s'il ne lui manque que l'argent pour marcher, il faut espérer que la Providence viendra à notre secours. Quand on ne se propose que la gloire de Dieu, on doit compter sur son appui.

Ces encourageantes paroles venaient fort à propos; et ce n'étaient pas des paroles en l'air. Monseigneur les confirma en daignant faire au curé de Vourles une de ses premières visites pastorales, le 24 octobre 1840.

L'Institut de Saint-Viateur souffrait alors de son besoin périodique, on pourrait dire permanent, d'argent. De lourdes charges s'imposaient à lui chaque année. Les recettes étaient rares. La caisse de l'œuvre des Recteurs temporels était vide; et au moment où des moyens nouveaux allaient être mis à l'essai, se produisaient deux catastrophes qui les frappèrent de stérilité : les terribles inondations de la Saône et du Rhône au commencement du mois de novembre 1840, et la faillite de M. Benoît Coste, trésorier de l'Œuvre de Saint-Viateur. Une quête faite au printemps avait été presque improductive; il ne fallait pas songer à la recommencer pendant l'hiver, après ce double désastre. D'autre part, conseiller au P. Querbes une rigoureuse économie eût été une cruelle ironie. La pitance était maigre à Vourles, et c'étaient les novices qui la préparaient à tour de rôle. Il ne restait plus que deux partis à prendre : exiger le payement intégral du prix de pension des postulants, tel que le fixaient les Statuts, ou les renvoyer. Le bureau insista pour que le premier fût d'abord adopté et d'une manière rigoureuse.

La mesure était sage, mais l'exécution n'en était pas aisée, car elle ne dépendait pas de la volonté du P. Querbes.

Abandonné à lui-même, il fut donc obligé d'en

venir, le cœur navré, à l'extrémité devant laquelle il reculait : renvoyer une partie de ses novices. Lui qui n'avait jamais douté de la Providence craignit, cette fois, de la tenter, en les gardant tous. Il réduisit leur nombre à onze et celui des jeunes aspirants à deux. Grâce à ce dur sacrifice il put vivre sans augmenter la dette; mais la situation était grave et ne pouvait se prolonger. M. Garnier, qui, depuis la retraite forcée de M. de Verna, devenait de plus en plus l'âme du Bureau des Recteurs temporels, fit preuve en ces circonstances d'un dévouement admirable. La maladie. la mort, des absences, des revers de fortune avaient fait bien des vides dans le Bureau ; de concert avec le P. Querbes, il recruta de nouveaux membres et les réunit une première fois, le 16 mars 1841, sous la présidence de M. Beaujolin, vicaire général.

Se rendant à l'invitation du Bureau, le cardinal de Bonald accepta de présider une de ses séances, le 2 juillet 1841. A cette occasion, le P. Querbes lut à Son Éminence un mémoire remarquable. Après un hommage délicat rendu à l'illustre pontife que Grégoire XVI avait récemment élevé sur le siège de saint Pothin, et qu'il venait d'appeler dans les rangs des princes de l'Eglise, il montrait comment la Congrégation des Clercs de Saint-Viateur était réclamée par la discipline antique et par les besoins actuels de la société.

La raison d'être de son Institut ainsi établie, le P. Querbes concluait par un exposé de la situation et l'indication des mesures qu'il se proposait de prendre pour y remédier.

Le cardinal s'intéressa vivement à ces déclarations,

il approuva la constitution du Bureau et son règlement, ainsi que le texte de la nouvelle notice à imprimer, et assura le P. Querbes et MM. les Recteurs de toute sa bienveillance.

Fort de cette approbation, le Bureau se mit à l'œuvre sous l'impulsion intelligente de **M. Garnier**, et l'avenir apparut bientôt au P. Querbes sous des couleurs moins sombres. Les novices et juvénistes renvoyés purent venir reprendre leur place à Vourles. Somme toute, le P. Querbes avait eu raison de déclarer à Mgr de Bonald que de la réunion tenue sous sa présidence allait dater une nouvelle époque pour l'Œuvre de Saint-Viateur. La pauvreté installée dès l'origine dans le berceau de l'Institut continuera d'y séjourner. De 1841 à la mort du fondateur, l'Institut traversera encore bien des jours mauvais; il n'en connaîtra plus d'aussi tristes.

Il en est des Sociétés comme des hommes. Celles qui peuvent surmonter les épreuves acquièrent, au milieu d'elles, une vertu, une force qu'un succès continu ne donne pas toujours. Ainsi advint-il de l'Institut du P. Querbes. Non seulement il résistait à l'épreuve, mais il progressait malgré elle. **En cette année 1841**, le pieux fondateur peut ouvrir plusieurs nouveaux établissements, parmi lesquels l'école de la Ricamarie, près Saint-Etienne (Loire), et la sacristie de la paroisse Saint-François à Lyon; d'autres enfin dans les divers diocèses d'Autun, de Nîmes, de Montpellier, de Bordeaux même où venait d'être nommé, comme archevêque, Mgr Donnet, l'ami d'enfance du P. Querbes. Mais la plus intéressante des œuvres entreprises cette année-là est la mission du Missouri.

Nous en parlerons bientôt ; continuons, en attendant, de suivre le développement de l'Institut en France.

Jusqu'ici, et même en fondant sa Congrégation, le P. Querbes avait surtout songé aux enfants délaissés des campagnes. Pourtant son esprit perspicace ne voyait pas sans inquiétude le mal que le développement de la grande industrie allait provoquer chez les ouvriers des villes, et il songeait aux besoins spirituels de cette catégorie d'enfants. Pour eux il entrevoyait l'atelier chrétien, complément de l'école chrétienne.

« S'il a la direction d'un atelier, disait-il de son Clerc-catéchiste, il s'appliquera à faire de bons chrétiens encore plus que d'habiles ouvriers. »

Une occasion de tenter ce nouveau genre d'apostolat se présenta à lui au début de l'année 1842. Deux personnes pieuses de Dijon, Mᵐᵉ Chauchot et Mᵐᵉ Jacques, encouragées par Mᵍʳ Rivet et par son vicaire général, M. d'Arbaumont, voulaient fonder une Providence dans un immeuble dont elles étaient propriétaires en cette ville.

Le P. Querbes accepta leurs propositions sans se dissimuler néanmoins les difficultés de l'entreprise. La preuve de ses craintes, c'est qu'il confia provisoirement la direction de l'œuvre à la sagesse éprouvée du P. Liauthaud, momentanément remplacé à Vourles par le P. Faure dans les fonctions de maître des novices. Le P. Liauthaud arriva à Dijon le 16 février 1842, avec quatre Clercs de Saint-Viateur, prit possession du *Petit-Cîteaux,* alla demander la bénédiction de Mᵍʳ l'évêque et se mit à l'ouvrage.

Il n'eut pas de peine à gagner la confiance de Monseigneur, de M. le curé de la cathédrale, sur la paroisse duquel était située la Providence, et de Mmes Chauchot et Jacques. Dès le mois de mai, l'œuvre était sur pied et allait bon train; le P. Querbes pouvait la remettre à des mains plus jeunes. Au mois de juin, il se rendit à Dijon, prit connaissance exacte de la situation, et installa, à la place du P. Liauthaud, le Fr. Despréaux dont la maturité avait dépassé l'âge.

Par la même occasion et sur les vives instances qui lui furent faites, il promit deux frères pour l'école de Frolois, dans l'arrondissement de Semur.

Il y avait beaucoup de bien à faire dans le département de la Côte-d'Or comme dans celui de la Nièvre; mais ce n'était pas non plus un pays de foi et de vocations religieuses; mieux valait cultiver des terres moins ingrates. Aussi, après avoir fondé deux nouvelles écoles dans le diocèse de Lyon, celle de Saint-Genest-Lerp (Loire) et celle de Valsonne (Rhône), le P. Querbes se tourna-t-il vers le diocèse de Rodez qui offrait de belles espérances.

Depuis la fondation de l'école de Salles-Curan, les Clercs de Saint-Viateur étaient désirés dans nombre de localités de ce diocèse, par les populations et par le clergé. L'évêque, Mgr Croizier, qui avait succédé à Mgr Giraud, promu au siège de Cambrai, les recommandait hautement. Par reconnaissance pour le P. de Villefort et par considération pour sa noble famille qui résidait à Cornus, le P. Querbes accepta l'école de cette paroisse et y installa lui-même le Fr. Gonnet. De là il se rendit à Rodez par Salles-Curan. Mgr Croizier voulait le voir pour négocier avec lui la fondation d'un établissement principal dans son diocèse; il lui promettait de nombreuses vocations. De fait, le P. Querbes en rentrant à Vourles amenait de l'Aveyron cinq juvénistes ou novices. Ce bon coup de filet, qu'il aurait pu renouveler pour ainsi dire à volonté, les dispositions qu'il rencontrait dans le clergé du diocèse, les relations qui s'établirent dès lors entre lui et plusieurs prêtres influents, notamment MM. les vicaires généraux, lui faisaient vivement désirer l'établissement principal dont Mgr Croizier l'avait entretenu. Mais il fallait attendre l'heure de la Providence.

Pour l'unité et la formation religieuse, il était plus avantageux de n'avoir encore qu'un noviciat, celui de Vourles, dirigé par le P. Liauthaud. Des raisons d'économie conseillaient aussi ce parti pour quelque temps encore. La situation financière, fort inquiétante, sinon désespérée, en 1841, s'était sensiblement améliorée, grâce à des libéralités diverses : au mois de novembre 1842, le cardinal de Bonald acquit le château du Poyet. C'était une succession de bonnes fortunes auxquelles le P. Querbes n'était pas habitué. Il en profita pour achever les constructions du noviciat. Ces travaux étaient à peu près finis en octobre. Mais il y manquait le complément indispensable, la chapelle. La communauté devait encore se rendre à l'église paroissiale, ce qui était gênant et préjudiciable au bon ordre. La chapelle fut terminée au commencement de l'année suivante. Les remaniements postérieurs subis par la maison qui fut le berceau de l'Institut n'en ont point modifié sensiblement la physionomie. Le P. Querbes, en l'agrandissant ne s'était préoccupé ni d'esthétique, ni de luxe, ni de confort, mais seulement du strict nécessaire. Il avait voulu mettre sa communauté un peu plus à l'aise, mais en lui laissant partout sous les yeux l'image de la pauvreté, l'invitation à la simplicité et à la mortification.

Tandis que la maison de Vourles s'agrandissait, se multipliaient aussi les jeunes recrues qu'elle pouvait recevoir et qui après les années nécessaires de formation devenaient, entre les mains du Père fondateur, ces bons ouvriers que de tous côtés lui demandaient évêques, pasteurs de paroisses ou même de simples chrétiens, catholiques zélés, soucieux de donner aux populations des maîtres selon leur cœur.

Le P. Querbes dut écarter bien des demandes; mais il ne put s'empêcher de donner quelques-uns de ses Frères aux départements de la Nièvre, de la Loire et encore du Rhône. Cette même année, il accepta la direction d'une œuvre déjà existante, établie à Lyon même, sous le nom de *Providence de Saint-Irénée*. Cette œuvre, fondée par M. le curé de Saint-Irénée et adoptée par les *Frères de la Sainte-Famille*, apprenait le métier de tisseur en soie à un certain nombre de jeunes apprentis, orphelins ou fils d'ouvriers pauvres. Dirigée par des professionnels qui avaient longtemps exercé et connaissaient à fond le métier qu'ils enseignaient, elle était très estimée des industriels en soierie, à qui elle fournissait d'excellents ouvriers, et tout autant des catholiques, en raison de la formation religieuse qu'elle donnait à ces apprentis. Mais elle semble avoir traversé en 1843 une crise dont il est assez difficile de préciser la nature.

Toujours est-il qu'à l'automne de 1843, les sept Frères employés à la Providence de Saint-Irénée s'agrégèrent aux Clercs de Saint-Viateur et se placèrent sous l'obéissance du P. Querbes. En adoptant leurs personnes, il adoptait leur œuvre ; et ce ne fut pas une des moins chères à son cœur d'apôtre. Comme le P. Rey, son contemporain, comme Mlle Jaricot, il aimait tout ce qui relève l'ouvrier, le sauvegarde contre le mal et contribue à maintenir ou à fortifier en lui l'esprit chrétien.

Le journal du P. Liauthaud, commencé le 9 février 1844, nous a laissé le tableau du personnel de la maison de Vourles au début de cette année. Il se compose de vingt et un religieux, dont quatre prêtres, une dizaine de scolastiques se préparant au brevet, et de vingt novices. Tous les services de la maison étaient pourvus : il y avait sacristain, infirmier, portier, cuisinier, sans compter deux Aides-temporels exerçant le métier de menuisier, et un autre, celui de relieur. La communauté s'efforçait de se suffire à elle-même ; pour les travaux de l'intérieur, elle n'avait plus besoin d'une main d'œuvre étrangère ; le soin du linge était seul laissé encore à des personnes du dehors. La période de tâtonnement et d'organisation semblait terminée ; on a l'impression de se trouver en face d'une communauté qui n'est pas et ne doit pas être un monastère, mais où tout est convenablement réglé pour la fin qu'elle se propose. Pour compléter les règles, elle a même déjà des traditions, des usages qui font loi. Le P. Liauthaud nous en conserve dans un journal un exemple intéressant. Il y note, à la date du 28 février :

Aujourd'hui, après la collation, le P. Supérieur dit au réfectoire que la chapelle étant finie, la communauté et le noviciat iront désormais y faire la prière du soir et y chanter le *Salve Regina*. Jusque-là l'usage avait été de faire une visite à la Sainte Vierge, après le repas, dans la salle de conférence, et d'y chanter le *Salve Regina* avant le coucher.

Un mois plus tard, le cardinal de Bonald vint constater officiellement le bien qui s'accomplissait à Vourles. Le pieux curé prépara, par une retraite, sa communauté et sa paroisse au grand bienfait de la visite pastorale fixée au 28 mars, jeudi, dans la semaine de la Passion. Son Eminence arriva la veille à Vourles, où on lui fit une magnifique réception. Le lendemain, après la messe célébrée dans l'église paroissiale, elle se rendit à la Communauté, bénit la chapelle qui venait d'être terminée, reçut les membres du Bureau des Recteurs temporels, venus tout exprès de Lyon pour témoigner de leur dévouement au P. Querbes et à son Institut, et adressa avant de repartir, à toute la communauté réunie, une courte allocution dans laquelle elle recommanda « une obéissance aveugle aux supérieurs ».

Cette heureuse prospérité de la maison de Vourles et le noviciat bien fourni, donnaient au Fondateur de bonnes promesses pour l'époque des vacances. Il allait se trouver à l'aise pour maintenir les écoles existantes et pourvoir aux fondations nouvelles. Ces fondations furent au nombre de cinq : Recologne, Nant, Saint-Just-la-Pendue, Sumène et Cucuron. Il devait être donné, en particulier à celles de Sumène et de Nant, d'avoir une belle histoire qui d'ailleurs se continue toujours.

Après ces dernières fondations, l'Institut du

P. Querbes dirigeait en France, à la fin de 1844, trente-trois écoles, dont trente communales et trois privées, cinq sacristies et une Providence. Il s'étendait sur douze départements et onze diocèses. Malgré les épreuves de toutes sortes, la bénédiction prononcée sur lui par le Pape Grégoire XVI continuait de porter des fruits. Sa prospérité allait croissant sans aucun arrêt. C'était le moment où bientôt deux nouvelles provinces seraient fondées en France et pourraient étendre les ramifications de l'Institut.

C'était le moment aussi où les enfants du P. Querbes étaient appelés à franchir les limites de leur patrie pour aller porter sur des terres lointaines les fruits de leur apostolat.

CHAPITRE III

Fondation de la Province des Ternes.

Saint-Flour, dans le département du Cantal, allait devenir pour les Clercs de Saint-Viateur le centre d'une nouvelle province.

Cette fondation rencontra pourtant dès son origine un grave obstacle qui paralysa aussi bien l'essor de tout l'enseignement chrétien en France. Avant d'aller plus loin, il nous est nécessaire d'en indiquer la nature.

Depuis son approbation légale, l'Institut de Saint-Viateur avait entretenu avec l'Université des relations non pas amicales, mais paisibles, empreintes même de confiance réciproque. La communauté du P. Querbes, comme d'autres Instituts similaires, s'étendait rapidement; partout les populations témoignaient aux maîtres religieux une préférence marquée : de cette préférence l'Université prenait ombrage.

Ce qui l'exaspérait bien davantage, c'est la lutte vigoureuse entreprise l'année précédente et continuée sans répit en 1844, par les catholiques, contre son monopole abusif, pour la conquête de la liberté d'enseignement promise par la charte. Aussi personne ne s'étonna de voir en ce moment le ministre de l'Instruction publique, M. de Villemain, écrire au P. Querbes pour lui signaler des établissements fondés illégalement dans l'Aveyron. Quelques mois plus tard, le 8 août, il lui signifiait ce qui suit :

Vous devez pourvoir à ce que, en aucun cas, les Frères de votre Institut n'exercent en dehors des départements de l'Ain, de la Loire et du Rhône

Le 25 du même mois, les postulants et les jeunes Frères présentés aux examens du brevet, rentraient à Vourles après avoir tous échoué devant la commission de Lyon. A telle commune qui avait adopté les Clercs de Saint-Viateur comme instituteurs communaux, l'Etat refusait toute subvention pour leur traitement. Telle autre, déjà en négociations pour les avoir, et désireuse de leur préparer une école et un logement convenables, sollicitait un secours de l'État : elle ne l'obtenait pas. Ici on menaçait de retirer l'autorisation provisoire d'enseigner, accordée précédemment ; là, de ne pas la remplacer par une nomination définitive ; ailleurs, de ne plus délivrer ou de ne plus payer les mandats de traitement. Telles étaient les formes mesquines par lesquelles se traduisait le mauvais vouloir de l'Université, en attendant qu'elle s'avisât d'exiger de pauvres religieux enseignant dans les campagnes isolées une déclaration qu'ils n'étaient pas des Jésuites déguisés.

Ceci se passait en 1844. Or, à cette époque, les pourparlers en faveur de la nouvelle province du Cantal étaient déjà avancés, et par ce fait même gravement contrariés. Le P. Querbes ne pouvait laisser sans réponse les deux lettres de M. Villemain. Se basant en particulier sur la loi de 1833 et sur une ordonnance royale du 29 janvier 1843 contresignée par M. Villemain lui-même, il défendait énergiquement ses droits. Le ministre, de son côté, se cantonnait obstinément dans ses prétentions. Loin donc d'espérer obtenir du grand maître de l'Université l'autorisation de fonder de nouveaux établissements dans le ressort des Académies autres que celle de Lyon, il pouvait à peine compter sur le maintien du *statu quo.*

C'est dans ces perplexités que se poursuivaient pourtant les négociations de la fondation de la province nouvelle. On juge combien le progrès dut en être contrarié.

Le diocèse de Saint-Flour avait été un des premiers à organiser les missions intérieures pendant la Restauration. Elles avaient provoqué un magnifique réveil de la foi et des pratiques religieuses parmi ces populations restées profondément chrétiennes. Mais le zèle des missionnaires rencontrait un obstacle dans l'ignorance où croupissait la jeunesse, faute d'écoles et faute de maîtres compétents. Aussi, l'un de ces missionnaires, le plus populaire d'entre eux, le P. Murat, conçut-il le projet de fonder deux Congrégations pour l'éducation des enfants des deux sexes. L'évêque d'alors fit son œuvre de la Congrégation des Frères, et voulut l'établir dans sa ville épiscopale, sous le vocable de Saint-Odilon. Mais la mort vint l'arrêter. Continuée par les vicaires capitulaires, elle le fut aussi par le nouvel évêque, Mgr de Marguerye, qui lui choisit comme supérieur le P. Juillard, missionnaire diocésain, homme de doctrine, d'un zèle austère, d'un caractère ferme, d'une vertu peu commune, mais original.

Comme toute œuvre nouvelle, la [Congrégation de

Saint-Odilon rencontra de sérieuses difficultés. Le P. Juillard qui, dès 1839, avait eu connaissance de la Congrégation du P. Querbes, s'adressa à celui-ci pour qu'il voulût bien, lui disait-il, le « mettre au courant de tout ce qu'il fallait faire pour le succès d'une œuvre que notre évêque, pour le bien de la religion, assimile à son Grand Séminaire ».

La charité du P. Querbes n'eut garde de se dérober à la demande de ce confrère de Saint-Flour, et lui exposa l'organisation de son Institut. Près de cinq ans s'écoulèrent pendant lesquels la petite *Congrégation de Saint-Odilon* avait sensiblement progressé. En 1844, elle comptait un quinzaine de personnes, religieux ou novices. Mais, à cette époque, l'évêque fondateur se heurtait aussi à des difficultés insurmontables. On ne parvenait pas à obtenir l'approbation civile; on ne pouvait par conséquent exempter les Frères du service militaire. Les ressources manquaient, le recrutement se trouvait compromis pour l'avenir. L'administration diocésaine se voyait donc forcée, pour sauver la société naissante, de l'affilier à un Institut approuvé.

Or, l'Institut de Saint-Viateur possédait la double approbation de l'Église et de l'État; ses statuts avaient servi de modèle à la règle provisoire des *Frères de Saint-Odilon;* la fin, l'esprit, le costume des deux communautés, différaient à peine. Le P. Querbes, en répondant aux ouvertures que lui avait faites le P. Juillard, en 1839, lui avait laissé espérer qu'il pourrait, à certaines conditions, créer dans le diocèse de Saint-Flour un établissement principal, juvénat, sinon noviciat. Pour toutes ces raisons, un vicaire général venait, au nom de Mgr de Marguerye, jeter entre ses bras la Société de Saint-Odilon en danger imminent de mort, et le supplier d'en être le sauveur.

En s'affiliant, elle renoncerait à son autonomie, à ses règles, à son nom ; ses membres passeraient sous l'autorité immédiate du supérieur des Clercs de Saint-Viateur, feraient ou renouvelleraient leurs vœux entre ses mains. Enfin le diocèse mettrait à la disposition du P. Querbes la maison de Saint-Flour et un château avec ses dépendances, situé au chef-lieu de la paroisse des Ternes, dans un vallon agréable, à deux petites lieues de Saint-Flour.

Ce qui valait plus que ces modestes avantages, c'était la douzaine d'excellents sujets qui allaient se donner au P. Querbes, et la perspective certaine de voir son Institut se développer rapidement dans les montagnes d'Auvergne, une fois qu'il y serait connu.

Par un exposé si net de la situation et des conditions auxquelles l'affiliation proposée pouvait s'opérer, M. de Pompignac, vicaire général, éclairait et facilitait la décision à prendre. Pressé par son voyage à Paris et n'ayant pas le temps d'examiner à fond la proposition, le P. Querbes y répondit en donnant des espérances qui pouvaient passer pour une acceptation de principe. C'est ainsi qu'elles furent interprétées, avec beaucoup de reconnaissance, par M. de Pompignac qui revint à la charge par une seconde lettre fort pressante. Le P. Querbes se rendit à Saint-Flour à son retour de Paris.

Mgr de Marguerye et lui apposaient leur signature au bas du traité d'affiliation fait en double à Saint-Flour, le 3 juin 1844. Ce traité comblait les vœux du

Le **P. Champagneur**, fondateur de la **Province Canadienne**
(1808-1882.)

P. Juillard, qui, depuis 1839, avait cherché à modeler
sa petite Société sur celle des Clercs de Saint-Viateur.
Il avait hâte d'en procurer l'exécution. Aussi dès la
fin du mois de juin, il partit pour Vourles en compagnie d'un de ses Frères. Pendant huit jours, il étudia
sur place l'organisation et le fonctionnement du novi-

ciat, eut de longs entretiens avec le P. Querbes et le
P. Liauthaud, vécut de la vie de communauté, édifié
de tout ce qu'il voyait, édifiant lui-même par sa simplicité et sa piété. Rentré à Saint-Flour pour la retraite
ecclésiastique, il était heureux d'écrire à Vourles :

Monseigneur a parlé de notre affiliation aux prêtres
du diocèse assemblés ; tous ont applaudi à ce nouvel
arrangement qui leur fait espérer d'avoir bientôt des
Frères.

Et il se disposait à introduire dans le règlement de
son noviciat certaines modifications suggérées par le
P. Querbes.

Le mois d'août réunit tous ses Frères à Saint-Flour
autour de lui : il leur lut le *Directoire* des Clercs de
Saint-Viateur, leur montra leur nouveau costume et
leur fit espérer que la retraite du mois de septembre
mettrait le sceau à l'affiliation conclue. Monseigneur
désirait en effet qu'à cette occasion, ils renouvelassent leurs vœux entre les mains du P. Querbes et
que le traité entrât aussitôt en vigueur.

C'est en ce sens que le P. Juillard écrivit au
P. Querbes une lettre datée du 26 août. Quelques
jours plus tard, Mgr de Marguerye joignait ses instances
à celles de son représentant. Et pourtant le P. Querbes
se taisait. C'est ici qu'apparaissent les difficultés contre
lesquelles le fondateur des Clercs de Saint-Viateur
se débattait lui-même auprès de l'Université et du
ministre de l'Instruction publique.

Dès que lui parvint la réponse attendue de
M. Villemain — et nous savons ce qu'elle fut, — il
en donna connaissance à Monseigneur de Saint-Flour,

l'informant néanmoins que tout espoir d'un accommodement avec le ministre n'était pas perdu. Cet espoir, à vrai dire, ne fut guère partagé par l'évêque, surtout après une rencontre que celui-ci eut l'occasion d'avoir avec le grand maître de l'Université.

Les événements devaient cependant donner raison à la foi tenace du pieux fondateur. L'orage de 1844 passa avec les circonstances fâcheuses qui l'avaient suscité. M. Villemain disparut un peu de la scène et fut remplacé au ministère par M. de Salvandy (1845). A peine mieux disposé que son prédécesseur à l'égard de l'Eglise, il ne partageait pourtant pas ses aveugles prétentions contre les Jésuites, et avec moins de raideur autoritaire, il avait aussi, dans sa manière, dans l'esprit même, quelque chose de plus conciliant.

Le P. Querbes rédigea d'abord une courte *Note* établissant la situation légale de l'Institut, rappelant brièvement les difficultés soulevées l'année précédente par M. Villemain, la défense qu'il y avait opposée et la réponse que le ministre avait faite. Muni de cette note, destinée surtout aux députés du Rhône, dont il devait solliciter l'appui, et d'une lettre de recommandation pour M. de Salvandy, que lui avait remise son ami distingué, M. l'abbé Pavy, professeur à la Faculté de théologie de Lyon, il partit pour Paris le 15 avril 1845, après l'expiration du temps pascal. Les vœux et les prières de la maison de Vourles, de la maison de Nevers, de plusieurs communautés religieuses, l'y accompagnaient.

Il vit Mgr Affre qui lui promit d'appuyer sa requête et plusieurs personnages politiques. Ses premières impressions furent peu favorables.

Cependant, quelques jours après, M. de Salvandy lui faisait dire qu'il désirait le voir. Il se rendit au ministère, où il fut reçu avec courtoisie, et eut le bonheur d'entendre de la bouche de l'homme politique ces rassurantes paroles :

— Vous m'apportez la recommandation la plus puissante auprès de moi. Vous avez, il est vrai, dépassé **vos** limites, mais je n'entends pas prendre des mesures odieuses. Vos établissements actuellement existants ne seront pas inquiétés, mais prenez garde de n'en faire aucun du même genre sans m'en demander l'autorisation. Cette demande sera soumise au Conseil royal, et je dois vous dire que je suis disposé à l'accueillir, quelle que soit l'opinion du Conseil, sous ma propre responsabilité.

Et le P. Querbes, en écrivant ces paroles au P. Faure, ajoutait :

Tel est l'oracle. Les hommes, sans s'en douter, sont presque toujours les instruments de la Providence. **De** pareilles dispositions pourront être utiles à l'affermissement de la Société, si elles ne servent pas à son développement.

Leur premier résultat fut de faire aboutir le projet d'affiliation des Frères de Saint-Odilon avec les Clercs de Saint-Viateur, projet resté en suspens, fort compromis par le *veto* réitéré de M. Villemain. Rentré à Vourles, le P. Querbes informa, en effet, Mgr de Marguerye des assurances formelles que M. de Salvandy lui avait données pour le passé, et des promesses de bienveillance qu'il lui avait faites pour l'avenir. L'évêque de Saint-Flour était en tournée pastorale. Il répondit :

C'est assurément avec bonheur que je renoue nos relations et que je reviens au compromis passé entre nous. Notre union était bien avancée avec Le Puy (1); mais nos Frères ont beaucoup plus d'attrait pour aller à vous. Et pour nos campagnes comme pour le culte, je préfère bien vos règles. Je n'ai pas oublié vos vues sur notre maîtrise qui est une désolation et que vous rendrez ma joie.

Le P. Juillard, à cette heureuse nouvelle, ne put contenir sa jubilation :

Je vous ai toujours regardé comme devant être le sauveur de notre Congrégation. Venez vite à notre secours, empêchez-nous de périr. Tous nos Frères ont les yeux tournés du côté de Lyon ; ils sont ennuyés de vivre dans un état d'incertitude par trop crucifiant ; ne les délaissez pas, bon et tendre supérieur.

Cédant à ces instances, le P. Querbes se rendit à Saint-Flour dans la première quinzaine d'août, vit longuement, en public et en particulier, les bons religieux qui désiraient si ardemment devenir ses enfants, reçut d'eux tous le vœu *privé* d'obéissance, et après être convenu avec Mgr de Marguerye qu'il prendrait leur direction, de même que l'administration du

____

(1) Durant les négociations du P. Querbes avec le ministre, Mgr de Marguerye, qui avait perdu tout espoir d'obtenir l'autorisation désirée, s'était tourné vers les *Frères du Sacré-Cœur* qui, sans être plus autorisés par l'Etat que les Clercs de Saint-Viateur, sans même jouir de l'approbation du Saint-Siège, ne demandaient à Monseigneur de Saint-Flour ni concours pécuniaire ni même jouissance du mobilier et d'un immeuble. Et pour un évêque pauvre, absolument à bout de ressources, incapable de continuer l'œuvre commencée, à qui il fallait une solution immédiate, cette solution en était une ; il avait incliné sensiblement à l'accepter.

temporel à partir du 1er octobre, il revint à Vourles avec
deux d'entre eux, le Fr. Chadel, destiné à y rester, et
le Fr. Chargebeuf qui allait simplement y « rétablir
sa santé ».

En attendant, le P. Querbes pensait à l'organisation
future de la nouvelle province. A défaut d'un prêtre,
le Fr. Biron, qui dirigeait fort bien la maison de Saint-
Flour, aurait été maintenu dans sa charge ; mais il
tomba gravement malade. Le P. Querbes se vit alors
obligé de renvoyer près de ses confrères le Fr. Chargebeuf et de le mettre à la tête de la maison de Saint-
Flour.

Pour encourager ses débuts, soutenir sa bonne
volonté, guider sa courte expérience, il lui adjoignit
le plus sage des mentors. M. de Pompignac, dont la
loyauté avait, dès le début des négociations, conquis
toute son estime, voulut bien accepter ce rôle avec le
titre de prêtre zélateur pour le diocèse de Saint-Flour.
Il s'en acquitta avec zèle et dévouement ; et, soit comme
vicaire général d'abord, soit comme évêque ensuite,
il devait toujours être un père pour les enfants
adoptifs du P. Querbes.

Son premier soin fut d'établir nettement la situation financière des Frères de Saint-Odilon, afin que
leur nouveau supérieur pût se rendre un compte
exact des charges que lui imposait la succession du
P. Juillard. La situation était loin d'être prospère.
Pour l'améliorer — et il le fallait à tout prix — il con-
seilla l'abandon immédiat de la maison de Saint-Flour,
et dès le mois d'août la communauté se transporta aux
Ternes.

Au cours de l'année 1845-1846 les liens se resserrèrent entre le P. Querbes et ses enfants adoptifs. Tous les actes administratifs s'étaient faits en son nom, et quand il put visiter personnellement les Frères, aux mois de juin et de juillet 1846, onze d'entre eux prononcèrent leurs vœux avec bonheur entre ses mains; six les firent perpétuels.

Ainsi naquit et vécut ses premières années la jeune province avec la bienveillance du ministre que le P. Querbes avait gagné sensiblement à sa cause. Elle ne jouissait pourtant pas d'une pleine autorisation légale que Mgr de Marguerye aurait voulu obtenir par une démarche qui faillit un jour tout compromettre. Le Père fondateur continua sans bruit l'œuvre qu'il avait prise à cœur. Le dévouement et le bon esprit de ses nouveaux enfants la lui rendaient particulièrement chère.

Nous mangeons tous le pain noir de nos montagnes, lui écrivait gaiement leur supérieur, et nous buvons peu de vin, encore le mélangeons-nous d'eau par moitié, mais nous sommes contents.

C'étaient des hommes de sacrifice. Le P. Querbes pouvait compter sur eux. Pourtant cette affiliation lui avait coûté presque autant de démarches et de peines que la fondation de son Institut.

Il nous faut à présent quitter un instant la France pour voir à l'étranger l'installation et l'essor de la Congrégation des Clercs de Saint-Viateur.

CHAPITRE IV

Fondation de la Province canadienne.

1. Les négociations. — Le personnel.

C'est dans l'Amérique du Nord et sur les belles
rives du Saint-Laurent, au Canada, que l'Institut de
Saint-Viateur devait d'abord prendre racine et pousser
un de ces rejetons puissants, honneur et gloire de la
souche commune.

Mais avant cette heureuse fondation, deux autres
essais avaient été tentés, l'un dans les Indes orien-
tales, l'autre au centre même des Etats-Unis. Si le
premier n'eut point de résultat, le second n'en fut pas
complètement dépourvu. Un pied avait été posé dans
l'immense république américaine, et quelques années
plus tard le projet de fondation repris aura pour
résultat de donner à l'Institut de Saint-Viateur une
nouvelle province du plus bel avenir aux Etats-Unis.

Mais restons au Canada, et allons jusqu'à Montréal.
A la tête de ce diocèse, de création récente, se trouvait alors un prélat dont la sainteté et les œuvres ont
rendu le nom vénérable non seulement dans son
diocèse, mais dans toute la province canadienne
française et même au delà. C'était Mgr Bourget. A son
avènement, le diocèse de Montréal, dont il fut le

second évêque, avait besoin de nombreuses institutions. Après avoir fourni les paroisses de clergé séculier, il fallait encore pourvoir à l'apostolat et à l'éducation de la jeunesse. Mais les ouvriers manquaient.

Dès l'année 1841, lors de son premier voyage à Rome, l'évêque de Montréal eut l'occasion de rencontrer à Lyon le P. Querbes, et s'informa de la courte histoire des Clercs de Saint-Viateur, de leur approbation par le Saint-Siège, de leur esprit et de leur but. En 1844, il faisait demander quatre de ces religieux par M. Hudon, l'un de ses vicaires généraux, venu en France pour pressentir quelques Congrégations. Le P. Querbes lui donnait des espérances, et l'affaire, négociée ensuite par correspondance, était conclue en 1845. Les circonstances toutefois retardèrent l'exécution de ce projet jusqu'au voyage que fit en Europe Mgr Bourget, en 1846. pour aller s'agenouiller aux pieds de Pie IX, élu Pape le 16 juin de cette année-là. L'évêque de Montréal se rendit à Vourles vers la mi-décembre. Cette première visite fut courte, n'ayant d'autre but que d'en préparer une seconde. Le P. Querbes lui présenta la communauté qui se composait alors, religieux ou novices, d'une quarantaine de personnes.

— Eh bien ! demande Monseigneur, quels sont ceux qui veulent me suivre au Canada ?

Tous, gagnés par l'air de sainteté et par l'aimable éloquence du prélat, levèrent le doigt, sauf un. Celui-ci tranchait sur les autres, plus encore par tout l'ensemble de son extérieur que par son attitude. Il paraissait friser la quarantaine, alors que ses confrères, religieux et novices, étaient jeunes. Sa taille dépassait la leur ; une forte carrure, des épaules larges et hautes, une tête puissante, des traits accusés, un front proéminent lui faisaient une originalité frappante. Tout en lui annonçait une nature peu communicative, réfractaire à l'enthousiasme, mais par contre une volonté réfléchie et tenace, une vertu austère et peu commune. L'œil exercé du prélat ne s'y trompa point.

— C'est vous que je choisis, dit-il à l'ébahissement de tous, en le désignant du doigt.

Et il laissa la communauté sous l'impression de cette surprise.

Sa visite *ad limina* accomplie, Mgr Bourget fut de retour à Vourles entre le 5 et le 10 mars. Le choix du P. Querbes était dès lors arrêté. Le Fr. Champagneur était l'élu commun de l'évêque et du supérieur.

Né à Recoules, diocèse de Rodez, le 8 août 1807, il était entré seulement au noviciat en 1844, à l'âge de trente-sept ans. Il y avait apporté plus de dégoût que de connaissance du monde, et une volonté bien déterminée d'y renoncer à jamais. Une conduite exemplaire, une éducation soignée ; (il avait fait son cours d'études dans de bons collèges, deux ans de Séminaire et acquis une expérience du professorat pendant six ans) ; des sentiments chrétiens sucés avec le lait et héréditaires dans son honorable famille : tout l'avait préparé à la vie religieuse. Aussi la prit-il au sérieux, se pliant à toutes les exigences de la règle avec une docilité d'enfant, et manifestant un attrait particulier pour le silence, la solitude, les austérités, ce qui pouvait faire croire à une vocation monastique. De fait, avec la permission de ses supérieurs, il se rendit à la Trappe. Mais après un essai infructueux de plusieurs mois, il revint frapper à la porte du P. Querbes qui le reçut sans difficulté. Désormais fixé dans sa voie, il se liait à Dieu par ses premiers vœux le 22 janvier 1847. Tel est le religieux que le P. Querbes allait mettre à la tête de la jeune colonie. Il lui désigna deux compagnons, le Fr. Augustin Fayard qui, depuis octobre 1844, dirigeait l'école de Vourles à la grande satisfaction de M. le curé et de ses paroissiens, et le Fr. Louis Chrétien, sorti du noviciat depuis peu avec d'excellentes dispositions pour la vie religieuse. A ces trois confrères, le P. Querbes ne put ajouter que la promesse d'un quatrième pour l'automne si les circonstances en démontraient la nécessité. Et les religieux ainsi désignés se préparèrent à partir. Mgr Bourget les devança de quelques jours pour un court voyage à Londres, et promit de les rejoindre à Paris. Quant à eux, avant de se séparer de leur Père en Dieu qu'ils aimaient, ils voulurent sceller à jamais l'alliance contractée envers lui. Le 18 avril, ils firent ou renouvelèrent entre ses mains leurs vœux perpétuels. Le lendemain le P. Querbes partait avec eux pour Lyon et les consacrait à Notre-Dame de Fourvière.

Le P. Querbes voulut ensuite les accompagner jusqu'au bureau de la diligence qui faisait encore le service de Lyon à Paris par Moulins et Nevers. Et ce fut le moment de la séparation.

Les adieux du Père retentirent douloureusement dans le cœur des enfants, mais leur émotion resta silencieuse. Heureusement ils ne quittaient ce père que pour en retrouver un autre dans la personne de Mgr Bourget.

Depuis leur première et courte entrevue de 1841,

le P. Querbes et Mgr Bourget avaient conçu l'un pour
l'autre une profonde estime. La visite et le séjour de
l'évèque de Montréal à Vourles ajoutèrent à ce sentiment celui d'une confiance et d'une amitié réciproques. Dès ce temps, Mgr Bourget adoptait comme
siens les enfants du P. Querbes. Il prit réellement ce
rôle au sérieux et devait s'en acquitter non seulement
avec une conscience scrupuleuse, mais encore avec
cette amabilité, cette distinction simple, cette bonne
grâce dont il donnait une preuve au P. Querbes en
prenant congé de lui :

> Je vous suis on ne peut plus reconnaissant du don que
> vous faites à mon diocèse, en me confiant quelques-uns
> de vos enfants, lui disait-il. J'espère que Dieu mettra
> et maintiendra dans mon cœur les sentiments qu'il vous
> a donnés pour eux, et que je n'oublierai jamais le
> dévouement dont ils font preuve, en vous quittant, vous
> qu'ils ont tant de raisons d'aimer, pour s'attacher à moi
> qu'il n'ont vu qu'en passant.

Leur départ du Havre eut lieu le 30 avril. Les attentions délicates de Monseigneur, unies à des sentiments
d'ailleurs admirables d'abnégation et de détachement
de la part de nos trois partants, leur abrégèrent la
traversée. Ils entrèrent dans le port de New-York le
samedi 22 mai, veille de la Pentecôte, vers 7 heures
du soir. La vue de tant de clochers dominant les maisons de la ville les réjouit d'abord ; mais leur cœur se
serra le lendemain quand ils apprirent que les belles
sonneries qu'ils entendaient appelaient aux temples
protestants.

Ils ne passèrent d'ailleurs qu'une journée à New-
York ; le lundi de la Pentecôte, 24 mai, Mgr Bourget

et les religieux prirent le bateau qui les amena
jusqu'à Saint-Jean, et de là le chemin de fer qui les
porta jusqu'à la Prairie en face de Montréal. Ils firent
la traversée du Saint-Laurent « au son de toutes les
cloches de la ville », qui s'étaient mises en branle pour
saluer l'arrivée de Monseigneur. Sur le quai Jacques-
Cartier où ils abordèrent, sur la place du Marché et
dans toutes les rues qui, de là, conduisaient à l'évêché
se pressait une foule enthousiaste, criant : « Vive
Monseigneur! » et se mettant à genoux pour recevoir
sa bénédiction. Partout éclatait la joie des enfants
heureux de revoir leur père, et un père vénéré comme
un saint. Monseigneur, de son côté, jouissait de ces
manifestations, moins pour lui que pour les religieux
et les religieuses qu'il amenait de France ; elles leur
témoignaient de la foi des populations canadiennes,
de leur attachement au clergé et leur présagaient l'accueil le plus favorable. C'était le jeudi 27 mai.

A l'évêché, les nouveaux venus, les trois Clercs de
Saint-Viateur particulièrement, furent bien reçus du
clergé.

— C'est ce qu'il nous fallait, disaient les prêtres en
les regardant.

Et eux enregistraient ce premier témoignage de
satisfaction pour le transmettre aussitôt au P. Querbes.

2. Installation à l'Industrie.

Dès le lendemain, vendredi 28 mai, ils partirent sous
la conduite de M. Hudon, pour l'Industrie où ils arrivaient à minuit. Leur première visite, le samedi matin,
fut pour M. le grand vicaire Manseau, leur curé, qui

les reçut avec une grande bonté. Mais déjà le bruit de leur arrivée s'était répandu ; tous les notables de l'endroit, M. Joliette à leur tête, sans attendre leur visite s'empressèrent de venir les voir. Pendant quelques heures, ce fut un flot de visiteurs, de compliments, de souhaits de bienvenue, avec les témoignages de sympathie les plus touchants et les plus sincères. Un peu confus d'un accueil si chaleureux, qui dépassait de si loin leur attente, les trois nouveaux venus étaient embarrassés pour y répondre. Mais ils comprirent tout de suite et ce qu'on attendait d'eux, et ce qu'ils pouvaient attendre eux-mêmes d'une population si bien disposée.

La prudence leur commandait tout d'abord la discrétion, la réserve ; ils l'observèrent ; ils ouvrirent leurs yeux et leurs oreilles pour voir, pour entendre et agir en conséquence.

L'Industrie n'était alors qu'un petit bourg de quelques centaines d'habitants. Il avait à peine vingt-trois ans d'une existence qu'il devait tout entière au seigneur de la localité, M. Joliette. Homme d'un génie très pratique, celui-ci avait choisi, dans une immense forêt, un lieu favorable à l'exploitation du pays. Le village, appelé d'abord l'Industrie, changera plus tard ce nom en celui du fondateur lui-même : Joliette.

C'est aujourd'hui une belle ville de plus de 10 000 âmes, le siège d'un évêché.

Dès le début, une chapelle y fut bâtie, bientôt érigée en église paroissiale. Pour compléter cette œuvre, M. Joliette y créa une maison d'éducation appropriée aux besoins du pays. De concert avec Mgr Bourget, il la confiait aux Clercs de Saint-Viateur.

L'École modèle pour laquelle on les avait appelés était déjà créée et comptait quarante élèves internes, divisés en trois classes. Mais leur nombre allait augmenter; il faudrait enseigner l'anglais. M. Joliette voulait à présent élargir le programme primitif et faire de l'établissement une sorte de collège, d'un type nouveau, visant avant tout à munir les élèves de connaissances pratiques. Il voulait aussi confier aux Frères la petite école du village, dirigée par un instituteur au-dessous de ses fonctions. Il fallait donc un plus grand nombre de maîtres. Le noviciat, d'autre part, indispensable pour le recrutement, et pour lequel on avait des espérances fondées de vocations, occuperait à lui seul le Fr. Champagneur.

Aussi dès le 6 juin 1847, après avoir pris connaissance de la situation, le Fr. Champagneur demandait des renforts à son supérieur. M⁅ Bourget, d'abord comme écho de M. Joliette et de M. Manseau, puis en son nom personnel, insistait aussi pour obtenir immédiatement non pas seulement le quatrième religieux promis, mais au moins trois religieux, un prêtre et deux Frères.

En attendant la réponse à cette requête pressante, on ne se croisa pas les bras. Les trois Clercs de Saint-Viateur, depuis leur arrivée, logeaient au collège, mais ne se mêlaient en rien de sa direction. M. Resther, directeur, et ses collaborateurs continuèrent jusqu'à la fin de l'année scolaire l'œuvre qu'ils avaient si bien commencée... Le Fr. Champagneur écoutait et observait en silence, s'efforçant de s'instruire par tout ce qu'il voyait et entendait. Le Fr. Fayard fut tout de suite invité à mettre au service de M. le grand vicaire

Manseau son dévouement et son zèle pour la préparation des enfants à la première Communion. A partir de la Fête-Dieu, il les réunit tous les matins; ses succès furent merveilleux. Pieux, habile à parler à leur imagination et à leur cœur, catéchiste modèle, formé à l'école même du P. Querbes, il exerça sur eux une si salutaire influence, que M. Léandre Brassard, neveu de M. Manseau et curé de Saint-Paul, la paroisse voisine, voulut l'avoir pour ses enfants. Saint-Paul est distant d'une lieue de Joliette; il allait le prendre en voiture tous les jours, à une heure de l'après-midi, et le ramenait à 5 heures. Le Fr. Fayard eut le bonheur de préparer, cette année-là, dans les deux paroisses, cent dix-huit enfants à leur première Communion.

Le succès de ses catéchismes eut pour effet de détacher davantage M. Manseau, M. Joliette et les familles, du vieil instituteur paroissial qui laissait croupir ses élèves dans l'ignorance. On n'attendit pas même la fin de l'année scolaire pour le remplacer. Le 1er juillet 1847, le Fr. Chrétien prit la direction de l'école et « s'acquitta fort bien de ses fonctions », au témoignage du Fr. Champagneur.

Les résultats des premiers ministères des Clercs de Saint-Viateur parlèrent éloquemment en leur faveur, surtout auprès du clergé. Aussi pour mériter l'avantage d'avoir les premiers Frères dans leur paroisse, plusieurs curés cherchèrent et proposèrent des vocations. Dès le 16 juin, le Fr. Champagneur en espérait trois; un mois plus tard, il comptait sur une demi-douzaine, toutes présentées et recommandées par M. Manseau et par Mgr Bourget.

Ouvrir à ces recrues la porte du noviciat, c'est ce

qui pressait le plus. L'année scolaire se termina le 20 juillet. Dès ce jour, les Clercs de Saint-Viateur, qui habitaient déjà au collège, en prirent officiellement possession.

3. Le collège et le noviciat.

Le 31 juillet, fête de saint Ignace, dans le collège devenu libre eut lieu l'ouverture du noviciat et de la retraite. Les saints exercices étaient donnés par le P. Thellier, de la Compagnie de Jésus; ils furent suivis par les trois Clercs de Saint-Viateur arrivés le 28 mai, et par leurs six premiers novices, parmi lesquels nous devons citer Pascal Drogue-Lajoie, jeune ecclésiastique de vingt-deux ans, qui vint, le 2 août, prendre part à la retraite pour y décider définitivement sa vocation. Une ferveur de néophytes animait ces jeunes gens. Pendant cette retraite, arrivèrent des États-Unis deux jeunes prêtres, Clercs de Saint-Viateur, les PP. Thibaudier et Lahaye, heureux d'embrasser des frères. Les deux voyageurs repartirent le lendemain. Mgr Bourget leur avait demandé, et ils avaient promis sans hésiter, leur ministère pour les malheureux Irlandais atteints du typhus, qui se mouraient dans les lazarets improvisés de Montréal.

Le noviciat des Clercs de Saint-Viateur existait. L'âge, les études antérieures, la valeur intellectuelle de deux de ses membres, MM. Duvert et Lajoie, les dispositions des autres, avaient fait entrevoir au Fr. Champagneur la possibilité d'utiliser leurs services tant au collège qu'à l'école paroissiale. D'autre part, les PP. Thibaudier et Lahaye, voyant « l'impuissance de leurs trois confrères », écrivirent au P. Querbes qu'ils étaient tout disposés à rester au Canada, pour les aider, si telle était sa volonté. Ainsi tout s'arrangeait pour le mieux sans la venue du renfort demandé quelques mois auparavant. D'un commun accord, sanctionné avec empressement par leur évêque, les Clercs de Saint-Viateur, dès la mi-août, convinrent de rester ensemble à l'Industrie et de joindre leurs efforts. Le P. Thibaudier était prêtre et le plus ancien d'eux tous : ils se placèrent sous sa direction.

Le Fr. Champagneur, heureux d'alléger le fardeau de ses responsabilités, ne gardait que la direction du Noviciat ; il abandonnait la direction du collège à ses deux confrères prêtres, ses aînés dans la vie religieuse, et plus capables que lui, pensait-il dans son humilité. Cet arrangement provisoire conclu, ils le soumirent, en bons religieux, à l'approbation de leur supérieur, et se mirent à l'œuvre pour préparer la rentrée qui approchait.

Bien préparée, elle eut lieu le 8 octobre et fut brillante. Quatre-vingts élèves répondirent à l'appel dès les premiers jours ; il y en eut cent avant la fin du mois. Devant cette affluence d'élèves, le noviciat avait dû céder la place, et se loger hors du Collège, à l'ancienne maison d'école devenue disponible. C'était une petite construction en bois d'une seule pièce, mesurant quarante pieds de long sur trente environ de large. Aménagée pour sa future destination, elle devint l'humble palais où le Fr. Champagneur s'installa le 6 octobre, l'avant-veille de la rentrée des élèves. Il devait y vivre ses plus beaux jours.

Outre sa classe du collège, le Fr. Fayard avait la

direction de l'école paroissiale dans laquelle deux novices, MM. Vadeboncœur et Lacas, donnaient l'enseignement sous sa surveillance intermittente...

En se multipliant, on était donc arrivé à pourvoir à tous les besoins, et les débuts étaient magnifiques : cent élèves et huit novices : pour une première année, on ne pouvait désirer mieux. Mais les fruits allaient-ils tenir la promesse des fleurs ?

Une première épreuve fut le rappel en France du P. Thibaudier. Ce départ affaiblissait la petite colonie de l'Industrie et contrariait bien des plans : le Fr. Champagneur devait reprendre les responsabilités de supérieur, qu'il avait été si heureux de déposer ; le P. Lahaye, à qui répugnait plus encore l'exercice de l'autorité, était chargé de la direction du collège. Sans plainte, sans murmure, avec une soumission admirable, ils obéirent tous aux volontés de leur supérieur.

La pauvreté s'était installée avec le Fr. Champagneur au noviciat. Dans la petite pièce de huit pieds carrés qu'il y occupait, au bout du corridor d'entrée, il avait « pour fauteuil un billot, pour bureau et pour bibliothèque, un vieux contrevent, appuyé par derrière sur la cimaise, et par devant sur un mauvais banc ». N'ayant point de place pour le lit, il démontait son bureau tous les soirs, clouait une toile sur les deux bancs, et s'étendait sur ce qu'il appelait « son baudet ». Un soir, les bancs mal assujettis se renversèrent, « le baudet et sa monture » tombèrent par terre avec fracas, rompant malencontreusement le grand silence. L'incident ne laissa que ce souvenir au Fr. Champagneur. Loin de se plaindre des privations de la pauvreté, son goût des austérités, son tempérament de Trappiste qu'il ne perdit jamais, y trouvaient plutôt une source de jouissances.

Avant de quitter le sol de sa patrie, il avait recueilli de la bouche de Mgr Bourget un mot qui l'avait frappé :

— Je vous mène dans un pays où les croix seront dures et longues.

Son expérience lui démontrait la vérité de cette parole prophétique. Il avait ses croix et il les sentait. Celles des autres lui pesaient plus que les siennes.

Je suis souvent peiné de voir que mes confrères ont à souffrir de la part des élèves, par suite de certaines préventions.

Mais ces croix ne troublaient pas la sérénité de son âme.

Celui qui se trouvait dans de telles dispositions était bien fait pour en conduire d'autres. Il ne les conduirait pas par les sentiers d'une spiritualité subtile, mais par la voie des vertus fortes où le P. Querbes l'avait fait marcher lui-même.

Suivant les instructions formelles de son supérieur et celles de Mgr Bourget, le Fr. Champagneur organisa le noviciat de l'Industrie sur le modèle de celui de Vourles.

La pratique de la vie régulière et des exercices du noviciat se heurtait néanmoins à de grandes difficultés : quatre de ses novices étaient employés à l'enseignement, deux au Collège, deux à l'école paroissiale. Il exigeait qu'en dehors des heures de classe, ils fussent présents au noviciat. Grâce à sa fermeté, la régularité, le bon esprit, la ferveur, se maintinrent parmi les novices.

Ils me donnent de grandes consolations, sont très pieux ; tous rivalisent pour avancer dans la perfection et s'affermir dans la vertu, disait-il d'eux, à la fin d'octobre 1847, au lendemain de la Saint-Viateur.

Ils s'étaient préparés à cette fête par une neuvaine pour leurs confrères de France qui se disposaient à faire leurs vœux ; ils l'avaient célébrée avec beaucoup de piété, de joie et d'affection.

Ces dispositions faisaient qu'ils n'avaient pas l'air, plus que leur maître, de souffrir de leur installation. Cependant, l'époque des grands froids arrivait, et leur maison, légèrement bâtie, était difficile à chauffer. M. Joliette venait de faire construire un presbytère très confortable et d'y installer M. Manseau. Sa charité transféra le noviciat dans l'ancien presbytère, qui était bâti en arrière de l'église et bien chauffé en hiver.

Outre l'avantage d'être près de l'église et chauffée, cette maison avait, sur la précédente, celui d'être plus spacieuse et plus commode. Le transfert du noviciat s'y fit le 1er décembre 1847.

Quelques jours après commençaient au collège les examens trimestriels. Ils furent présidés par une commission composée de M. le grand vicaire Manseau, de MM. Joliette, Dr Léodel, Lanaudière et Scalon. Le P. Lahaye constatait « qu'ils avaient fait grand bien aux élèves et pleinement satisfait les examinateurs ». Le lendemain de Noël, 26 décembre, Mgr Bourget, remis du typhus, venait lui-même visiter sa chère fondation. Il marqua sa visite par le baptême d'un jeune protestant, par la confirmation de seize autres enfants, par l'érection d'une Congrégation de la Sainte

Vierge, et par la permission de garder le Saint Sacrement dans un petit oratoire décemment orné, qui servait précédemment de salle de musique. Encouragé par ces faveurs spirituelles, par le bon témoignage que Sa Grandeur joignait à celui du fondateur, des amis et des protecteurs du collège, le P. Lahaye porta plus allégrement la double charge de la direction et du professorat. Les préventions des élèves tombèrent ; la paroisse, reconnaissante du précieux concours qu'il prêtait à M. Manseau, les parents des élèves, gagnés par son caractère gai, franc, ouvert, ne lui ménagèrent pas les preuves d'estime et les marques de confiance. Il fut maître incontesté de la position.

Aussi la fin de l'année scolaire répondit-elle pleinement au début. Elle se termina, comme le premier trimestre, par un examen et par une *exhibition*, selon l'expression anglaise du P. Lahaye, « qui eut lieu le 20 juillet, et fut brillante au delà de toute espérance ».

Les journaux firent même quelque bruit autour de cette distribution de prix.

Bien posé auprès du public, de M. Manseau, de M. Joliette, de Mgr Bourget, le P. Lahaye pouvait mieux que personne représenter l'Institut au Canada. Jusque-là, il n'avait dirigé que le collège ; mais celui-ci comprenait trois Clercs de Saint-Viateur sur quatre, donc la plus grande partie de la communauté, et il en était l'œuvre la plus en vue. Cantonné dans son noviciat, le Fr. Champagneur s'était effacé de parti pris, laissant l'initiative à son confrère prêtre, le mettant le plus possible en relief. Il avait même prié le P. Querbes de donner au P. Lahaye « la supériorité

Joliette (Canada). — Le Collège à sa fondation.

et de lui ôter cette onéreuse charge, entièrement disposé, ajoutait-il, à faire la volonté du supérieur que vous me donnerez ».

La question était grave. La révolution de février venait d'éclater en France ; le P. Querbes prit le temps de réfléchir et de prier. Enfin, le 8 juillet 1848, il adressa au P. Lahaye et au Fr. Champagneur une importante lettre qui dut leur parvenir à l'entrée des vacances.

Au second, dont il approuvait sans réserve la conduite, il recommandait de bien faire observer par ses enfants les règles de la pauvreté, et de ne leur permettre aucun rapport extérieur avec ceux qui ne sont pas chargés de la direction. D'autre part, il se rendait aux désirs que lui exprimait l'humble religieux, et envoyait en conséquence au P. Lahaye la nomination en règle avec les pouvoirs nécessaires.

Quand cette lettre arriva à Joliette, le P. Lahaye était en tournée de vacances et ne put être de retour que vers la fin de la retraite. A peine nommé, il eut donc à remplir un des plus importants devoirs de sa charge, l'appel aux vœux des premiers novices. La retraite annuelle, « doucement et saintement prêchée par un Jésuite, suivie pendant huit grands jours dans le plus profond silence, et comparable aux plus ferventes de Vourles », se termina le 16 août par la cérémonie de la profession, qui eut lieu dans l'église paroissiale. Mgr Bourget vint la présider, une foule nombreuse et sympathique y assista et « la trouva magnifique ».

Sept novices : Duvert, Lajoie, Langlais, Vadeboncœur, Gaudrault, Lacas et Joly, y furent reçus catéchistes mineurs. Le soir du même jour, le P. Lahaye rendit compte de la cérémonie au P. Querbes. Le bonheur qu'il éprouva à donner l'accolade à sept nouveaux confrères, les prémices du Canada, l'empêcha de sentir tout d'abord le poids de sa nouvelle charge. Les fruits recueillis à la fin de cette première année étaient abondants; il en restait autant en promesse, car le noviciat, après avoir fourni cette belle récolte, gardait encore dix novices.

4. Premières fondations. — Donation et mort de M. Joliette.

La seconde année s'annonçait donc prospère. Non seulement le collège fut pourvu des professeurs nécessaires, mais on put donner satisfaction au curé de Sainte-Elisabeth, M. Quevillon, qui, l'année précédente, avait envoyé au noviciat M. Lajoie, ainsi qu'à M. Gagnon, curé de Berthier, l'un de ceux qui avaient dit au Fr. Champagneur, dès l'ouverture du noviciat :

— Je retiens les premiers Frères que vous aurez formés.

Cette organisation terminée satisfaisait le P. Lahaye. Il écrivait à son Supérieur :

La Providence peut renverser tout cela, si elle le veut, mais humainement parlant, nous avons devant nous un avenir prospère.

La Providence ne renversa rien. L'année fut vraiment décisive pour l'établissement des Clercs de Saint-Viateur au Canada. Elle attacha d'abord à ce pays les quatre fondateurs par toutes les fibres de leur âmes. Ce grand succès était dû, en grande partie, à leur conduite religieuse exemplaire.

Aussi les ressources matérielles leur venaient-elles par surcroît. Le collège, sans doute, « n'était point en fonds », mais à force d'économie, on avait néanmoins quelque argent devant soi. L'école paroissiale, celle de Sainte-Élisabeth, l'académie de Berthier, fournissaient aussi quelques louis; et ces revenus, ajoutés au prix de pension payé par quelques novices, formaient le petit budget du noviciat, budget encore insuffisant pour couvrir ses dépenses, mais qui grossirait chaque année.

A cette époque, l'évêque de Montréal avait pris des engagements envers le collège de Chambly qui se mourait. Voulant le sauver, il l'offrit, il l'imposa, peut-on dire, aux Clercs de Saint-Viateur. C'était leur témoigner beaucoup de confiance et leur faire beaucoup d'honneur, mais les charger d'un bien lourd fardeau. Ils l'acceptèrent avec une déférence méritoire.

Le P. Lahaye, par son expérience, par les qualités qui avaient fait son succès à l'Industrie, était le seul capable de ressusciter ou du moins de galvaniser Chambly. Mais il était prêtre, et il fallait le remplacer par un prêtre au collège Joliette. Mgr Bourget avertit le Fr. Champagneur de se préparer aux saints ordres, et il lui conféra le sacerdoce dans l'église de l'Industrie, le 9 septembre 1849. Trois jours plus tard, après avoir assisté à l'ordination et à la première messe de son confrère, le P. Lahaye prenait possession du collège de Chambly. Il n'épargna rien pour le ranimer. Dieu bénit son abnégation et ses efforts. Il pouvait écrire au P. Thibaudier, le 19 décembre 1849 :

« Le collège de Chambly donne de grandes espérances ; au lieu des quatorze pensionnaires qu'il comptait l'année dernière, il en compte cinquante maintenant, outre une vingtaine d'externes. »

Les débuts étaient donc encourageants.

Mais ce succès était acheté bien cher. Le départ du P. Lahaye avait nui considérablement à l'établissement de l'Industrie. Seul pour diriger les deux maisons, le P. Champagneur dut les réunir. Cependant, malgré sa bonne volonté, les deux charges restaient incompatibles ; l'une devait nécessairement souffrir de ce qu'il accordait à l'autre. Encore un troisième fardeau allait-il lui être mis sur les épaules : il redevenait supérieur des Clercs de Saint-Viateur du Canada et devait le rester, sans interruption, pendant vingt ans.

M. Joliette, prévoyant peut-être sa fin prochaine, voulut réaliser la donation dont il avait depuis long-temps déjà arrêté dans son esprit les principales clauses. Quand tout fut prêt, il convoqua dans son Collège pour le lundi 4 février 1850 tous les intéressés, savoir : les membres de la famille seigneuriale, co-propriétaires des biens qui faisaient l'objet de la donation ; Mgr Ignace Bourget, évêque de Montréal ; M. le grand vicaire Manseau, curé de Saint-Charles de l'Industrie ; les quatorze Clercs de Saint-Viateur mentionnés dans la charte d'incorporation, et les principaux citoyens de la localité. Au jour dit, dans l'après-midi, lecture fut donnée par Me Leblanc, notaire, de l'acte de donation, et toutes les personnes présentes y apposèrent leur signature. Les propriétaires du fief et de la seigneurie de La Valtrie cédaient à perpétuité à la corporation des Clercs paroissiaux ou Catéchistes de Saint-Viateur « l'usufruit et la jouissance pleine et entière » du Collège Joliette et du terrain sur lequel il est bâti, plus d'autres vastes terrains particulièrement en vue d'un grand collège à bâtir et qui est devenu aujourd'hui le Séminaire de Joliette.

Dans sa joie et sa reconnaissance enthousiaste, le P. Lahaye estimait à 174 000 francs, cours du Canada, la valeur de ce cadeau princier. Rentré dès le lendemain à Chambly, il écrivait à son bien-aimé supérieur :

Vous avez maintenant un pied-à-terre dans le Nouveau Monde et un pied-à-terre bien convenable.

La date du 4 février 1850 marque donc celle de l'établissement définitif des Clercs de Saint-Viateur à l'Industrie. Leur fondation, jusque-là précaire, puisqu'elle dépendait du bon vouloir de leur bienfaiteur, reposait désormais sur des bases solides et stables. La Providence avait manifestement concouru à cet heureux et rapide résultat. Le P. Querbes dut en apprendre la nouvelle avec une grande joie.

L'intervention de la Providence dans cette fondation devint encore plus évidente par la mort prématurée de M. Joliette, qui survint quelques mois plus tard. Sa donation parut à tous comme la grande œuvre qu'il avait envoyée devant lui pour lui préparer l'éternité. Il mourut le 21 juin 1850, regretté et pleuré comme un père par tous les habitants de l'Industrie, loué publiquement par son évêque, laissant après lui la mémoire d'un grand citoyen, d'un esprit judicieux et conciliant, d'un homme d'œuvres et d'initiative, d'un parfait gentilhomme et d'un grand chrétien.

CHAPITRE V

Troisième période (1844-1851)

1. Luttes contre l'Université.
Révolution et République de 1848.

L'histoire des grandes fondations entreprises depuis 1840 nous a, pendant quelque temps, éloignés du berceau de la Congrégation et de cette région lyonnaise dont le gouvernement de Juillet aurait voulu faire comme le champ clos du jeune Institut. Il est temps d'y revenir, d'autant plus qu'une force invincible d'extension a, sur plus d'un autre point, brisé ses étroites limites, sans que d'ailleurs cette course au dehors ait le moins du monde épuisé la fécondité croissante du noviciat de Vourles. Il fallut cependant lutter contre de nombreuses difficultés parmi lesquelles il faut ranger les dispositions toujours malveillantes des chefs de l'Université en 1844, et un peu plus tard la Révolution de 1848, qui furent des causes restrictives du développement des écoles.

Ainsi, de 1844 à la Révolution de 1848, le P. Querbes dut répondre négativement aux demandes de fondations d'écoles ou d'établissements principaux venues de nombreux archevêques et évêques ; il put cependant ouvrir quatre petites écoles dans le ressort de l'académie de Lyon ou à la faveur d'une tolérance locale. Il fonda aussi un orphelinat dans la Nièvre, et donna le personnel nécessaire à la maîtrise de la cathédrale de Moulins, l'autorisation civile n'étant pas requise pour les établissements de cette nature. L'Institut se développait donc encore sans bruit, non seulement à l'étranger, mais en France, lorsque survint une nouvelle révolution.

La Révolution de 1848! Le P. Querbes avait-il prévu cet orage? Il avait trop de clairvoyance pour ne pas en apercevoir les signes précurseurs dans l'agitation des dernières années. Mais il ne s'en inquiétait pas, se reposant pleinement sur Dieu qui par sa Providence gouverne les affaires de ce monde. La preuve en est dans ce fait que, outre le soin de sa paroisse, de sa maison et de tout l'Institut, il terminait et songeait à publier à ce moment un double *Ordo perpetuus* (universel et diocésain) en 35 fascicules. C'est une œuvre de paix, certes, et de sérénité; œuvre de patiente attention, due à son amour très vif des règles de la liturgie, à son zèle éclairé pour le culte et la discipline ecclésiastique. Le cardinal de Bonald agréa ce travail dont la Révolution retarda l'impression.

La tempête éclata le 26 février à Paris et fut suivie de la proclamation de la République. Il y eut naturellement des désordres en province, et les émeutes furent particulièrement violentes à Lyon. Le P. Querbes assista à ces bouleversements, calme et imperturbable. Dès le 3 mars, il adressa à ses enfants une circulaire dans laquelle il leur traçait une sage ligne de conduite, des instructions aussi précises que mesurées. Lui-même fut, dans la tempête, d'une admirable **fermeté.**

A Lyon les fauteurs de désordre dépassèrent en violence les révolutionnaires de Paris. Des bandes d'ouvriers, égarés par les théories socialistes, se ruèrent sur les maisons religieuses, notamment sur les Providences et les ateliers qui formaient des apprentis chrétiens, pillant, saccageant tout, mettant le feu aux métiers et jetant les religieux à la rue. La Providence de Saint-Irénée, dirigée par les Clercs de Saint-Viateur, fut victime de ces excès et dut fermer ses portes.

Emmanuel Arago, commissaire de la République à Lyon, au lieu d'endiguer le flot révolutionnaire, le déchaîna avec plus de fureur, en prononçant, par un arrêté du 12 mars, la dissolution des Congrégations et corporations religieuses dans le département du Rhône. La région industrielle de Saint-Etienne, tout aussi travaillée que Lyon par les idées socialistes, fut le théâtre des mêmes désordres. De ces deux centres d'agitation, le mal gagna les campagnes elles-mêmes, où il y avait moins à craindre la répression. Des gens sans aveu, qu'on appela les *Voraces*, la parcoururent, y semant la terreur, de telle sorte que, pour calmer les inquiétudes des parents, le P. Querbes dut leur envoyer leurs enfants, encore au noviciat.

Au Donjon (Allier), où le Fr. Prudhomme tenait une grande partie de la jeunesse dans ses mains, les républicains s'acharnèrent contre l'école, la fermèrent malgré la résistance magnifique des anciens élèves, et y installèrent par la force un instituteur laïque. Ailleurs, à Amplepuis, à Nant, à La Cavalerie, où les révolutionnaires ne pouvaient obtenir ce résultat, on appela des instituteurs laïques qui, avec l'appui de la municipalité ou des particuliers, érigèrent des écoles concurrentes dans des locaux de fortune. La Révolution n'eut pas d'agents plus actifs, l'impiété et le socialisme, de propagandistes plus dévoués. La persécution prenait ailleurs d'autres formes.

Le P. Querbes avait prévu qu'on pourrait être obligé de quitter l'habit religieux; cette prévision se vérifia. Sur les conseils de Mgr Dufètre lui-même, le Fr. Prudhomme, expulsé du Donjon, dut se présenter à Pougues avec l'habit laïque, ce qui n'empêchait pas la population, écrivait-il, de l'appeler *Monsieur le Frère*. A Lyon et dans la banlieue on enrôla certains religieux dans la garde mobile, et on les contraignit de prendre part aux exercices. Le département de la Nièvre et celui du Cantal furent à peu près les seuls où les enfants du P. Querbes n'eurent pas de vexations à subir, ni dans leurs personnes ni dans leurs écoles. Mais presque partout ils souffrirent de la pénurie de ressources; car l'année 1847 avait été une année de disette, et la Révolution de 1848, qui arrêta l'industrie, paralysa le commerce et réduisit quantité d'ouvriers au chômage forcé, aggrava la misère.

L'arrêté d'Emmanuel Arago n'avait pas été exécuté dans le département du Rhône, mais il restait suspendu comme une épée de Damoclès sur la tête des communautés religieuses. Le P. Querbes dut renoncer, par prudence, à la réunion générale des vacances qui lui était si chère. Sa correspondance privée, complétant sa circulaire de mars, s'efforça de maintenir chez tous ses fils le courage et la vertu à la hauteur des circonstances. Des conseils adaptés à la situation de chacun mirent au point les instructions communes, et il compensa, du mieux qu'il put, le bienfait des conférences qu'il sentait plus utiles, plus nécessaires que jamais.

Le diocèse de Saint-Flour n'avait presque pas ressenti les secousses de la tempête; d'autre part, le P. Querbes avait accordé, à la demande très motivée de plusieurs Frères directeurs de cette région, la permission d'avancer, cette année-là, les vacances d'un mois environ. Il convoqua aux Ternes, pour la fin du mois d'août, tous les religieux du Cantal, de l'Aveyron, du Gard et de l'Hérault. Novices et profès réunis y formèrent un groupe d'une quarantaine. Il leur prêcha la retraite, comme il savait le faire, avec cette éloquence du cœur, qui allait droit à celui de l'auditoire. Les liens étroits qui existaient déjà entre lui et les Frères du diocèse de Saint-Flour se resserrèrent encore. Des relations plus intimes s'établirent entre eux et leurs frères aînés de Vourles; on apprit à se connaître, à s'estimer, au grand bénéfice de l'union et de la charité fraternelle.

Rentré à Vourles, le P. Querbes y réunit discrètement un autre groupe de sujets les plus voisins. Ceux qui ne purent s'y rendre firent leur retraite dans un établissement désigné, à Nevers, à Amplepuis. Ainsi le zélé Supérieur se multipliait pour procurer à tous, avec le bienfait des saints exercices, celui de sa présence et de ses encouragements.

Mais pour comprendre ce qu'il lui fallait d'activité et de force d'âme pour soutenir ce rôle écrasant, il faudrait songer à son isolement. Le P. Faure traversait alors une terrible crise d'inconstance. Victime d'une illusion qui ne fut d'ailleurs que passagère, il quittait pendant quelques mois le Père fondateur et demandait un emploi à l'évêque de Limoges. Le P. Thibaudier, récemment arrivé du Canada, était instamment réclamé par ses confrères de L'Industrie et par Mgr Bourget. Le P. Favre mettait bien à seconder le Père fondateur une vertu à toute épreuve et un dévouement sans réserve, mais le ministère paroissial l'absorbait. Comment concilier ses fonctions de vicaire de Vourles avec la charge devenue vacante de maître des novices? Un problème presque insoluble se posait donc au P. Querbes. Jamais depuis quatorze ou quinze ans, il n'avait senti davantage son isolement.

Dans cette détresse, son admirable confiance en Dieu ne l'abandonna pas un seul instant. Pas une ligne, pas un mot de sa correspondance, pas un geste ne trahit chez lui le moindre trouble de l'âme. Comme il est préparé à tout, il fait face à tout dans le calme, animant et soutenant les autres de son courage et de son exemple. Les circonstances lui imposent de douloureux sacrifices : il s'y résigne.

C'est ainsi qu'il doit enregistrer la fermeture de l'école du Donjon et de la Providence de Saint-Irénée, premières victimes de la tempête. Il se débat en vain pour sauver le noviciat de Nevers devenu pour le P. Liauthaud lui-même un fardeau trop lourd à porter. Celui-ci fut rappelé pour sauver l'école de Vourles dont il était officiellement directeur. Avec lui, la maison de Nevers était condamnée à périr; à plus forte raison sans lui. Il y avait laissé une demi-douzaine de novices, il les fit venir à Vourles où ils arrivèrent le 7 novembre. Ceux qu'il avait envoyés en vacances dans leurs familles le rejoignirent à leur tour, et le noviciat de Nevers compléta celui de la

maison-mère. La fermeture de la maison de Nevers
fut assurément le coup le plus sensible porté à l'Institut de Saint-Viateur par la révolution de février;
aucune des autres œuvres frappées n'avait son importance. Seule la conscience de n'avoir rien négligé
pour la conjurer put le consoler de cette perte. Elle
parut à sa foi rentrer dans les desseins de Dieu, desseins qu'il adorait en toutes choses.

2. Liberté d'enseignement.
L'Institut autorisé pour toute la France.

Déjà, au moment où le noviciat de Nevers fermait
ses portes, l'horizon politique s'éclaircissait; non seulement l'ordre extérieur régnait en France, mais,
devant les excès révolutionnaires, les idées d'ordre
avaient fait des progrès et pris plus d'empire sur les
esprits. L'Assemblée constituante avait achevé et voté
la Constitution; le prince Louis-Napoléon, élu président de la République par cinq millions et demi de
suffrages, formait un ministère uniquement composé de conservateurs, la plupart monarchistes.
M. de Falloux, qui avait accepté dans ce ministère
le portefeuille de l'Instruction publique, annonçait
en son nom et au nom de ses collègues, qu'il allait
préparer une loi sur l'enseignement pour donner
satisfaction aux justes réclamations des catholiques.
Suivant le mot célèbre prononcé un peu plus tard, le
temps venait pour les bons de se rassurer et pour les
méchants de craindre. En cette fin d'année 1848,
tout le monde était à l'espérance. Le P. Querbes ne
faisait pas exception, bien qu'il donnât à sa confiance

une expression modérée et discrète. Sur les ruines
que la révolution de février avait faites autour de lui,
le soleil se levait, présageant une ère réparatrice.

Un instant arrêté par les ministres universitaires
de 1844 et par la Révolution de 1848, l'Institut allait
reprendre sa marche en avant... A ce moment-là
même, le P. Querbes fut sollicité par son ami, le
P. Brumauld, de donner quelques-uns de ses religieux
à Mgr Pavy, évêque d'Alger. Dans ce but le P. Querbes
fit un voyage en Algérie: et il aurait sans doute
satisfait les demandes des deux aimables et éminents
solliciteurs si ses conditions avaient été acceptées. Or,
elles ne se réalisèrent pas, du moins pleinement, de
sorte que le P. Querbes garda toute sa liberté et tous
ses sujets en France.

L'affectueux intérêt que lui portait le P. Brumauld
n'en fut pas diminué. Peu de temps après, nous le
voyons presser le P. Querbes de faire un voyage
à Paris, pour compléter, lui disait-il, son *Mémoire
sur la question de l'enseignement primaire* et
obtenir du ministre l'extension de son champ de travail. Au mois d'avril, en effet, le P. Querbes avait
été appelé à présenter à la « Commission préparatoire », instituée par M. de Falloux, un rapport sur
son Institut, et à donner son avis sur diverses questions intéressant l'enseignement primaire. Il l'avait
fait avec sa franchise habituelle, et avec d'autant plus
de liberté que l'invitation lui venait d'une personne
connue de lui de longue date.

Particulièrement invité à exposer les causes qui
avaient gêné ou contrarié le développement de son
Institut, il ne manqua pas de signaler la prétention

Séminaire de Joliette en 1927.

émise par M. Villemain, en 1844, d'enfermer l'Institut de Saint-Viateur, même après la loi de 1833, dans les limites de l'ordonnance de 1830, prétention dont M. de Salvandy, son successeur, n'avait pas voulu se départir, tout en accordant la tolérance du *statu quo*. Il demandait d'être débarrassé de cette entrave qui n'avait pas sa raison d'être.

Quant aux questions sur lesquelles la sous-Commission sollicitait son avis, et qu'elle avait groupées sous cinq titres : « écoles normales, instituteurs, enseignement, autorité, réformes nécessaires dans l'enseignement des filles », il formula nettement ses réponses.

Ces réponses, que nous avons trouvées manuscrites aux archives de l'Institut, jettent, sur les conditions où se trouvait encore l'enseignement primaire, un jour intéressant. Elles nous disent en particulier ce qu'était déjà à cette époque l'esprit qui régnait dans les écoles normales.

Leurs maîtres, disait le P. Querbes, s'inspirant euxmêmes des circulaires Guizot, et puisant leurs enseignements moraux aux leçons de philosophie panthéiste des gros bonnets de l'Université, n'ont eu le temps de donner à leurs élèves qu'une idée profonde de l'ignorance du clergé avec lequel ils doivent être tous les jours en rapport. Avec peu d'idées, ces jeunes gens ont marché plus rapidement à la conclusion logique des doctrines négatives. Ils sont devenus professeurs d'émeutes.

Des instituteurs ainsi formés pouvaient-ils bien s'acquitter de leurs fonctions? Malheureusement non. Inutile de le prouver, ajoutait-il; et entre autres moyens de remédier à ce mal, il demandait qu'on ne laissât pas illusoire le droit d'inspection qu'avait le curé. Connaissant aussi très bien la situation de tous les instituteurs, même laïques, mais généralement chrétiens en ces temps-là, il s'intéressait à leur sort qui assurément n'était pas aussi brillant que celui d'aujourd'hui, et il demandait qu'on améliorât leur position matérielle « avec sagesse et en proportion des services rendus en quelque localité qu'ils soient placés ».

Son esprit essentiellement lumineux et pratique se manifeste à chaque ligne. Dans ses déclarations si fermes et si catégoriques au sujet des diverses questions on croit entendre la voix même du bon sens et, de plus, celle de l'Église ; car elles traduisent la plupart des *desiderata* exprimés par les catholiques et par les évêques, leurs interprètes. Elles le font sans intransigeance, sans réclamer pour l'Église le monopole de l'enseignement primaire, mais seulement une étroite collaboration entre elle et le pouvoir civil. Quel accueil reçurent-elles au sein de la Commission préparatoire? Aucun document ne nous permet de le dire, mais on peut aisément le supposer.

Le projet qu'elle élabora et que M. de Parieu, après la retraite de M. de Falloux, défendit devant la Législative, fut une transaction entre les catholiques et l'Université. Résultat de concessions réciproques, il ne donna pas aux premiers tout ce qu'ils espéraient et tout ce qu'ils auraient peut-être pu obtenir; mais il leur accorda une liberté limitée dans le domaine de l'enseignement secondaire, et fit à l'Église une large part dans celui de l'enseignement primaire. Tous les avis du P. Querbes ne furent pas suivis ; plusieurs, un bon nombre, furent acceptés et consacrés par les dispositions de la loi du 15 mars 1850.

Sans se décourager par le silence obstiné ou par les refus réitérés des ministres de l'Instruction publique, Mgr de Marguerye, évêque de Saint-Flour, insistait toujours pour obtenir l'autorisation des établissements formés dans son diocèse. Le P. Querbes, qui alla aux Ternes en 1850, et prêcha la retraite à sa communauté, le vit à cette occasion, et lui représenta respectueusement l'inutilité de ses démarches et la vanité de ses espérances. Les Clercs de Saint-Viateur étant une association religieuse autorisée, leurs établissements dans le diocèse de Saint-Flour n'avaient pas besoin d'une autorisation nouvelle. Pour les mettre dans une situation pleinement légale, à l'abri de toute tracasserie officielle, il suffisait d'obtenir l'extension au département du Cantal de l'ordonnance de 1830 qui autorisait l'Institut à présenter aux places d'instituteurs vacantes dans les trois départements de l'Académie de Lyon. Or, cette extension lui semblait ne devoir souffrir aucune difficulté après le vote de la loi du 15 mars.

Aussitôt rentré à Lyon, il en rédigea la demande, l'adressa, le 19 septembre, au ministre de l'Instruction publique qui la transmit au Conseil supérieur.

Cette haute assemblée émit, le 15 mars 1851, un avis favorable qu'approuva à son tour le ministre, et dont il transmit une copie au P. Querbes le 8 avril 1851. *L'autorisation était accordée pour toute la France.*

Par là étaient levées les barrières mises par M. Villemain et M. de Salvandy à la diffusion de l'Institut;

par là aussi furent calmés les scrupules et les craintes de Mgr de Marguerye qui fut heureux de féliciter le P. Querbes de son succès. Cette décision était le complément de l'ordonnance de 1830; elle faisait de son Association, au point de vue civil, une œuvre non plus lyonnaise mais française, comme au point de vue religieux l'approbation romaine de 1839 en avait fait une œuvre non plus diocésaine mais catholique. Aussi ne manqua-t-elle pas d'avoir tout de suite une influence sur la diffusion de l'Institut en France.

Un mouvement de réaction salutaire s'était fait dans l'opinion, après l'établissement d'un gouvernement d'ordre. Il se dessina à Vourles par le retour du Conseil municipal à des exigences raisonnables. Ailleurs, les communes qui avaient appelé des « professeurs d'émeute » les renvoyèrent.

Dieu, qui se sert des événements aux fins de sa Providence, fit éclore les vocations en plus grand nombre. Les noviciats dépeuplés se remplirent. Celui de Vourles comptait trente-cinq novices au moment où le P. Querbes rédigeait le rapport que lui avait demandé la Commission préparatoire; et le P. Liauthaud constatait que le meilleur esprit les animait.

Une seule école, celle de Lieutadès, département du Cantal, avait été ouverte à l'automne de 1848; ce n'était pas assez pour compenser les pertes subies. Aussi un certain nombre de Frères avaient dû rester à la maison-mère, attendant un emploi. Leur attente ne fut pas longue, car les demandes ne tardèrent pas à pleuvoir. Sept écoles furent ouvertes en 1849.

Le mouvement en faveur de la multiplication des écoles libres ne fit que s'accélérer en 1850, après le vote de la loi Falloux. Les demandes de sujets arrivèrent si nombreuses au P. Querbes, qu'elles le mirent dans l'embarras. Il fournit du personnel à sept écoles nouvelles pendant que, de son côté, la jeune obédience (1) des Ternes acceptait deux fondations.

L'année suivante, 1851, il introduisait son Institut dans deux nouveaux départements, la Drôme et la Dordogne. Cependant ce fut au diocèse de Lyon qu'il réserva, cette année-là, le plus grand nombre de fondations. Il n'y créa pas moins de huit écoles. Citons en particulier celles de Fontaines-sur-Saône et de la Demi-Lune. La première eut pour directeur le jeune Abel Fabre qui fit tout de suite apprécier en lui une intelligence d'élite, des manières affables et polies, un talent pédagogique de premier ordre. Il devait associer à jamais son nom à cette localité qui garde précieusement sa mémoire et ses cendres.

Les fondations de ces trois années 1849, 1850, 1851 représentent un effort considérable. Le P. Querbes y consacra toutes ses ressources en personnel. Jugeant à bon droit que l'œuvre des écoles primait toutes les autres, il écarta, pour pouvoir y faire face, les demandes de Frères sacristains qu'il recevait des évêques de Marseille, de Nîmes, d'Orléans et de Moulins. Des deux manières de servir Dieu, dans l'âme des enfants, ses sanctuaires vivants, par l'enseignement de la doctrine chrétienne, ou dans ses sanctuaires de pierre, par le soin religieux des autels, n'est-ce pas la première qui lui est la plus agréable?

---

(1) Nom donné aux Provinces dans l'Institut des Clercs de Saint-Viateur avant leur érection canonique.

CHAPITRE VI

Fondation de la Province de Rodez.

1. Négociations. — Fondation des Frères de Saint-Jean à Nant.

L'entrée des Clercs de Saint-Viateur dans le diocèse de Rodez datait déjà de 1840, époque de la fondation de l'école de Salles-Curan. Deux ans plus tard, le Père fondateur ouvrait dans ce même diocèse les écoles de Cornus et de Sanvensa. C'est au moment de la fondation de Cornus que le P. Querbes eut, pour la première fois, l'occasion de faire visite à Mgr Croizier qui venait de succéder à Mgr Giraud sur le siège de Rodez. Et du premier coup, le nouvel évêque avait voué toutes ses sympathies à la personne et à l'œuvre du pieux fondateur. Ce qui lui plaisait dans la personne, c'était cette nature simple, cette aimable rondeur qui allait droit au but, contre laquelle on n'avait pas à se mettre en garde, à laquelle, au contraire, on se sentait tout de suite porté à s'abandonner en toute confiance : impression irrésistible chez tous ceux qui avaient à traiter avec le P. Querbes.

Dans l'œuvre, le prélat admirait, comme le faisaient tant d'autres membres de l'épiscopat, un sens merveilleux de ce qui convenait aux paroisses rurales. Elle paraissait s'adapter tout particulièrement aux besoins de son diocèse, par la facilité accordée aux religieux d'aller à deux ou même isolément dans les campagnes ; par l'aide que leurs doubles fonctions de clercs et d'instituteurs apportaient aux curés ; par la double autorisation ecclésiastique et civile dont elle était revêtue. Aussi avait-il goûté avec empressement l'idée suggérée par le P. Querbes de créer un établissement principal dans son diocèse. Il avait même passé tout de suite de l'idée à l'exécution.

L'évêque fut d'abord sur le point d'obtenir un local de la municipalité d'Espalion, grâce à l'intervention de M. Baduel, curé de la ville. En 1844, la commune de Nant mit un immeuble à sa disposition. L'école primaire s'y installa tout de suite, et l'ouverture de l'établissement principal devait suivre de près. Mais l'Université veillait, c'était en l'année fatidique 1844. M\u1d4d\u02b3 Croizier voulut solliciter l'autorisation de M. Villemain qui répondit par un refus. Le prélat, toutefois, ne renonça pas à son dessein d'obtenir, coûte que coûte, l'autorisation nécessaire. Instruit par l'expérience, le P. Querbes était plutôt décidé à agir discrètement, en silence, comme il l'écrivait à cette époque à Monseigneur de Saint-Flour, persuadé que le gouvernement fermerait les yeux et « laisserait faire ».

Un nouvel échec que pressentait l'évêque dans ses démarches auprès de la préfecture de Rodez le décida, en 1845, à s'adresser à M. de Salvandy qui venait de remplacer M. Villemain. Je ne puis, répondit en substance le nouveau ministre, étendre les limites imposées à certaines Congrégations. Mais « pourquoi n'en formeriez-vous pas une pour les besoins du diocèse de Rodez, se développant à mesure que le besoin s'en fera sentir? Je donnerais volontiers la main à cette combinaison et serais très heureux d'une occasion de vous prouver mes sentiments de déférence et de vénération. »

Cette réponse ouvrait à Mgr Croizier une perspective à laquelle il ne s'était jamais arrêté : former une Société diocésaine. Or, c'est dans cette voie qu'il s'engagea aussitôt. Autre chose cependant était la réalisation de l'œuvre. Une lettre que Monseigneur adressa à M. de Salvandy pour savoir si la Congrégation diocésaine en projet serait autorisée s'égara dans les bureaux du ministère et resta sans réponse. Le ministre y fit, huit ou dix mois plus tard, une réponse verbale à Rodez, dans une suite d'entretiens qu'il eut avec l'évêque, en se rendant en Algérie, au mois de juin de l'année 1846.

— Que Votre Grandeur, lui recommanda-t-il, ait soin de présenter, comme les adoptant, les règlements d'une communauté existante et déjà approuvée, sinon il faudrait une loi pour vous autoriser, ce à quoi on ne peut songer.

Il lui signala, entre autres, les règlements des Marianistes de Bordeaux. Fidèle à ses premières affections, Monseigneur exposa et motiva ses préférences pour les Clercs de Saint-Viateur, avantageusement connus dans le diocèse, pouvant aller seuls ou à deux, ce que la règle ne permettait pas aux fils du P. Chaminade; et finalement le ministre lui fit cette déclaration :

— Je ne m'oppose point à ce que vous adoptiez, si vous y tenez, et présentiez les règlements des Clercs de Saint-Viateur; veuillez les adresser avec votre demande à M. le ministre des Cultes; il me demandera mon avis et je le donnerai favorable.

Sur ces entrefaites, survint la Révolution de 1848, qui balaya M. de Salvandy avec la monarchie de Juillet. Les plans de Mgr Croizier furent retardés dans leur exécution, mais non abandonnés. La République lui offrant des circonstances plus favorables, il les reprit en 1850.

Il adressa donc une circulaire à son clergé pour lui faire part de son intention de fonder une Association diocésaine, et lui annonça la nomination d'une Commission chargée d'étudier les voies et moyens d'exécution de son projet.

Cette Commission, d'accord sur la nécessité de fonder une association diocésaine indépendante, chercha les moyens d'exécution qui supposaient un local, des personnes et des ressources. Elle terminait son rapport en exprimant le vœu que le nouvel Institut s'appellerait *Les Frères de Saint-Jean, afin de perpétuer le souvenir de la généreuse pensée de Sa Grandeur.*

Satisfait du résultat de ces délibérations, Mgr Croizier passa à l'action; il se tourna encore une fois vers le P. Querbes.

J'aspire à former un noviciat de Frères pour les petites paroisses sur le modèle de votre Congrégation. Mais le ministre du Culte et de l'Instruction m'avait depuis longtemps conseillé, pour ne pas dire commandé et ordonné, d'avoir une Congrégation particulière pour mon diocèse, et nous avons tout préparé d'après cette inspiration. J'ai formé une Commission de prêtres pour réglementer l'œuvre, et choisi un prêtre pour être à la tête. Maintenant, pour avoir un lien avec vous, ce que je désirerais

Joliette (Canada). Noviciat en 1860.

fort, je viens vous demander si vous ne me donneriez
pas au moins le bon Fr. Gonnet pour former et diriger
nos jeunes novices, sous la direction du prêtre excellent
dont je viens de vous parler. Vous me le céderiez pour
cette bonne œuvre, ou à temps ou à toujours, comme
vous l'entendriez. Dans une lettre fort bonne que vient
de m'écrire ce Clerc de Saint Viateur, il semble remettre
son sort entre mes mains, d'accord avec vous, bien
entendu. Il comprend, comme on le fait dans la ville de
Nant, qu'en définitive, il ne pourra y avoir qu'une sorte
de Frères dans cette petite ville. Dans tous les cas, nous
prendrions soin de ceux que vous y avez, mais vous me
feriez grand plaisir d'approuver ma pensée pour le noviciat. Je désire aussi que l'école communale reste dans son
stastu quo jusqu'à nouvel ordre. Veuillez donc répondre
favorablement à ma requête. Non seulement je tiens
à garder tous ceux de vos Frères que j'ai dans mon
diocèse, mais je verrai avec plaisir que l'on en appelle
ailleurs, si vous pouvez en donner.

Cette lettre était sans doute, de la part de Mᵍʳ Croizier, une nouvelle marque d'estime et de confiance
à l'égard du P. Querbes. Mais de ce fait, la situation
des Clercs de Saint-Viateur allait forcément se trouver
amoindrie et compromise. Le fondateur ne s'y trompait pas. Aussi, le 24 juillet 1850, il soumit respectueusement à l'évêque les réflexions suivantes :

Vous n'ignorez pas, Monseigneur, que si nous avons
fait des sacrifices pécuniaires, malgré notre pauvreté,
pour fonder les premiers établissements de l'Aveyron,
c'était afin d'y recruter des vocations que nous faisait
espérer l'esprit religieux de vos contrées. Vous vous rap-
pelez que vous aviez proposé, conjointement avec M. le
curé de Nant et M. Figayrolles, la formation d'un noviciat de nos Frères à Nant, pour multiplier les instituteurs
religieux dans les petites paroisses de votre diocèse.
Pourquoi Votre Grandeur ne donnerait-elle pas suite

à ce projet? En serait-elle empêchée par les injonctions du ministre universitaire? Mais la loi actuelle lève les obstacles; et d'ailleurs, il est inutile de le mettre dans la confidence de mesures qui ne regardent que la conscience des sujets religieux. La difficulté de l'exemption du service militaire serait levée, comme nous le faisons pour nos sujets du Cantal.

Ou bien nos Frères auraient-ils démérité dans l'Aveyron? Mais je reçois de toutes parts des témoignages de satisfaction, et je n'ai jamais reçu à la fois tant de demandes de fondation d'écoles qu'en ce moment même. La dernière lettre renfermant les plus vives instances est de l'un de messieurs vos vicaires généraux.

Enfin Votre Grandeur croirait-elle avoir mieux sous la main et exercer avec plus d'étendue son autorité épiscopale sur des Frères diocésains? Que Votre Grandeur s'informe auprès de Monseigneur de Saint-Flour comment vont les choses dans son diocèse, et s'il est fâché d'y avoir un noviciat.

Après avoir répondu aux objections possibles et aux préoccupations présumées de Monseigneur de Rodez, il terminait sa lettre par la proposition suivante :

Voici ce que j'ai l'honneur de proposer à Votre Grandeur : Que la maison de Nant soit érigée en noviciat, qu'un ecclésiastique ayant la confiance de Votre Grandeur en ait la direction spirituelle et temporelle, et s'il voulait s'agréger à notre Congrégation, qu'il en ait aussi la direction religieuse, avec celle de tous nos établissements de l'Aveyron; que nos Frères de Nant y donnent des leçons et accoutument les novices à nos usages. Peu importe que ces novices passent pour être destinés à former une Congrégation particulière ou à s'agréger à la nôtre.

Que si Votre Grandeur ne goûte pas cette pensée, nous continuerons à rester dans l'Aveyron jusqu'à ce que la Congrégation projetée puisse prendre la direction de nos établissements, et nous nous retirerons, contents que Dieu soit glorifié n'importe par qui.

L'avis ouvert dans cette lettre fait autant d'honneur à l'intelligente perspicacité du P. Querbes qu'à sa droiture et à son désintéressement. Mais Mgr Croizier était trop avancé dans son projet pour y renoncer. Peu de temps après, il publia une lettre pastorale annonçant la fondation, à Nant, d'une Congrégation de Frères enseignants pour les petites écoles, et sollicitant des vocations. Son projet entrait donc décidément dans la période de réalisation.

Le clergé du diocèse l'accueillit sans enthousiasme, on peut même dire avec une certaine méfiance. Les curés des paroisses qui possédaient déjà des Clercs de Saint-Viateur leur étaient très attachés. Plusieurs membres de la Commission, deux vicaires généraux entre autres, ne cachèrent pas au P. Querbes leur peu de foi dans la réussite de l'entreprise. Un grand nombre de prêtres lui exprimèrent leur vif regret de l'espèce d'injustice qu'on lui faisait en supplantant son Institut. Il recueillit ces impressions, soit dans des lettres, soit au cours d'un voyage qu'il fit dans l'Aveyron au mois de septembre, après avoir prêché la retraite des Ternes. Mais la pureté de son zèle le maintint dans l'attitude la plus conciliante.

Dans la crainte que le voisinage de son école de Nant et de la nouvelle Congrégation ne nuisît à l'une et à l'autre et ne mît obstacle au bien, il avait la pensée de retirer ses Frères de cette localité. Sur le désir de Monseigneur il consentit à les y laisser, et même à partager entre eux et le noviciat projeté la maison qu'ils habitaient ; il permit que « le Fr. Gonnet reçût, parmi ses élèves, les quelques jeunes gens qui se présenteraient peut-être en qualité de postulants ». En un mot, il leva non seulement les obstacles qui auraient pu gêner la nouvelle Congrégation, il imposa aux siens une gêne physique et morale pour en favoriser la naissance et l'organisation.

L'école de Saint-Viateur de Nant fut donc le berceau des *Frères de Saint-Jean*. Ce berceau modeste et étroit — il s'en fallait de beaucoup qu'il pût contenir « un régiment de novices », comme l'avait cru Mgr Croizier — ne se remplit pas vite. Peu de jeunes gens répondirent à l'appel de l'évêque, si bien que, faute d'éléments, l'ouverture du noviciat ne put se faire au mois de novembre 1850. Elle n'eut lieu qu'au mois de mai 1851. M. Bioulac, prêtre d'expérience, de mérite et de talent, aussi modeste que distingué, fut chargé par Monseigneur de former les premières recrues à la vie religieuse. Elles étaient une dizaine. Il s'acquitta de ses fonctions avec tact, zèle et succès, sut gagner l'estime et l'affection de ces jeunes gens et leur faire aimer leur sainte vocation. Les premiers résultats furent encourageants, mais l'avenir inspira toujours des inquiétudes.

2. Affiliation des Frères de Saint-Jean.

Les événements démontrèrent d'abord qu'on ne gagnait rien avec la fondation de cette Congrégation diocésaine. Le P. Querbes venait, en effet, d'obtenir du Conseil supérieur de l'Instruction publique l'extension à toute la France de l'autorisation de 1830 ; par là même tombaient les raisons qui avaient empêché la fondation d'un noviciat de son Institut dans le diocèse de Rodez. Parmi ses nombreux amis du clergé aveyronnais, le regret s'aviva qu'on n'eût pas suivi ses conseils. La Congrégation diocésaine ne pouvait répondre aux espérances conçues que si elle obtenait une approbation légale. Or, Monseigneur avait beau multiplier les requêtes et les démarches, faire intervenir auprès des pouvoirs publics les députés du département, la mesure attendue, loi, ordonnance ou décret, n'arrivait pas. Son œuvre, enfant chéri de sa vieillesse, n'avait ainsi qu'une existence précaire. Le local lui-même qu'elle habitait ne lui était pas assuré, car le gouvernement n'avait pas encore ratifié la délibération du Conseil municipal, qui en cédait la jouissance au diocèse.

Dépourvue d'existence légale, la jeune Congrégation ne jouissait pas du privilège d'exempter ses membres du service militaire; il fallait leur acheter des remplaçants; de là des frais considérables. Elle n'avait pas non plus le droit de présentation aux places d'instituteurs communaux vacantes : ce qui lui fermait la plupart des paroisses, trop pauvres pour supporter la charge d'une école libre. Encore si l'avenir eût promis ce que refusait le présent! Mais on ne pouvait raisonnablement espérer des ministres futurs une approbation que refusait M. de Parieu. Aussi, dès 1852, la Commission reconnaissait-elle, à l'unanimité, qu'elle avait fait fausse route, l'avouait au P. Querbes et lui demandait de la remettre en bonne voie. M. Pasturel, curé de Vabres, lui écrivait :

Je trouve, sur mon bureau, votre aimable lettre qui m'a fait le plus grand plaisir, en m'apprenant que vous allez être chargé du noviciat des Frères de Saint-Jean. Le clergé de l'Aveyron partage mes sentiments à cet égard, et Monseigneur s'est trompé, lorsqu'il vous a dit que ses prêtres vous repoussaient. Lui seul jusqu'à présent faisait opposition à l'affiliation, mais la providence y a pourvu en lui ménageant le refus d'autorisation du gouvernement. Son Conseil s'est prononcé pour cette mesure, et s'il consulte ses prêtres, qui sont en ce moment réunis à Rodez pour la retraite ecclésiastique, il les trouvera tous favorables à la Congrégation de Saint-Viateur.

Les assurances d'une affiliation prochaine données au P. Querbes émanaient de l'entourage de Mgr Croizier lui-même ; mais elles ne devaient pas se vérifier immédiatement. Le noviciat des Frères de Saint-Jean porta ses premiers fruits en 1853 ; après deux ans d'épreuve et de préparation, les sujets de la première heure firent leurs vœux et furent en état d'être placés. Comme la voix commune le proclamait à Nant, et comme Monseigneur le reconnaissait, il ne pouvait y avoir deux communautés dans la même maison. Le P. Querbes retira ses deux sujets pour faire place aux jeunes disciples de M. Bioulac. Parmi ces derniers, il y avait le Fr. Célestin Souques, un modèle de sagesse, de modestie et de piété. Breveté au mois de juin, agréé comme instituteur public au mois d'octobre, il prit la succession du Fr. Gonnet. Un de ses confrères, moins vertueux, était adjoint à M. Bioulac pour le seconder avec le titre de directeur.

Avec les autres profès, on ouvrit les écoles de Saint-Côme, Estaing et Saint-Cyprien ; mais la première ne put se maintenir, parce que le Frère qui la dirigeait ne fut pas accepté comme instituteur communal. Déceptions et déboires commençaient ainsi avec la réalisation des premières expériences ; comme ils tenaient à la situation même de la Congrégation, dépourvue d'existence légale, tout faisait craindre qu'ils ne se renouvelassent à chaque fondation nouvelle. Le clergé s'en rendait compte, perdait de plus en plus confiance dans le succès, et ne faisait pas beaucoup de zèle pour recruter les vocations. Quatre sujets nouveaux se présentèrent après les vacances de 1853; ils ne comblèrent pas les vides; ce qui faisait dire au curé de Vabres : « Le noviciat des Frères de Saint-Jean ni ne vit ni ne meurt. Un peu de patience et l'on sera obligé de revenir à vous. »

Le P. Querbes avait plus que de la patience : il observait la plus exacte réserve, laissant les événements suivre leur cours, persuadé que Dieu les conduisait, et qu'il réaliserait un jour l'affiliation si elle entrait dans ses desseins. Ce jour, M. Abbal, vicaire général, le crut arrivé vers le milieu de novembre 1853.

Rappelant au P. Querbes les déclarations que celui-ci lui avait faites l'année précédente, ainsi qu'aux autres membres de la Commission, MM. Caubel, Georgeon, Noël et Sabathier, sur les conditions auxquelles l'affiliation qu'ils désiraient pourrait se faire, il lui écrivit, le 19 novembre :

J'ai la consolation de vous annoncer que Sa Grandeur est disposée à traiter avec vous sur les bases que vous avez posées vous-même. Prenez la peine, je vous prie, d'écrire un projet de l'acte à intervenir et de le lui envoyer sans retard et sans bruit.

Le P. Querbes répondit en effet sans retard, le 23 novembre; il exprima, lui aussi, le désir que l'affaire fût menée discrètement, et rédigea un plan de convention dont les conditions étaient très larges :

elles reproduisaient celles du traité d'affiliation conclu, en 1844, avec les Frères de Saint-Odilon, et démontrées sages par une expérience de dix années ; elles tenaient compte des sentiments d'affection et de fierté paternelle que Mgr Croizier nourrissait pour une œuvre qui perpétuerait son nom. Elles ne pouvaient donc pas soulever d'objection sérieuse.

Elles se heurtèrent pourtant au cœur du vieil évêque et à ses persistantes illusions. Des refus réitérés ne lui avaient pas encore enlevé tout espoir d'obtenir une autorisation légale. Il demanda quelque temps de réflexion. Cette attente dura quelques mois. Mais les faits lui démontrèrent bientôt l'inutilité d'un plus long retard : le noviciat de Nant ne prospérait pas ; il avait occasionné des dépenses disproportionnées aux résultats ; le présent était maigre ; l'avenir, de plus en plus incertain ; la confiance des fidèles, chancelante comme celle du clergé ; le Conseil épiscopal était unanime à demander l'affiliation ; M. Bioulac lui-même la désirait. Au début du mois de juin, Sa Grandeur fit mander le P. Querbes à Rodez pour arrêter définitivement les clauses du traité.

Le P. Querbes s'arracha aux graves préoccupations du moment et partit pour Rodez où il était impatiemment attendu. Cette fois le vieil évêque était bien résigné à son sacrifice : il acceptait, avec de très légères modifications, les conditions offertes à deux reprises par son généreux cocontractant. Le 22 juin, en son palais épiscopal, fut signé le traité d'affiliation, et par mandement du 29 juin, Monseigneur portait cet acte important à la connaissance du clergé et des fidèles de son diocèse.

Suivant les conseils de M. Abbal, le P. Querbes s'était montré accommodant. Ce qui importait c'était l'affiliation; les conditions auxquelles elle se concluait étaient imposées par les circonstances, elles se modifieraient dans la suite. Pour la réaliser effectivement il se rendit de Rodez à Nant, où M. Bioulac n'avait pas encore annoncé la nouvelle, ni préparé les esprits et les cœurs à la recevoir. Il examina novices et profès, et tous, après un moment de surprise, lui promirent fidélité, excepté le directeur qui rentra dans le monde au grand soulagement de ses confrères. Trois Frères de Saint-Jean qui dirigeaient les écoles de Saint-Cyprien et d'Estaing étaient absents. Mais l'adhésion franche de leurs confrères de Nant et les conseils de M. Bioulac n'eurent pas de peine à déterminer la leur. Ainsi grâce, d'une part, à la bonté attirante du P. Querbes, de l'autre aux bonnes dispositions des Frères de Saint-Jean, et à la sagesse de leur supérieur, l'affiliation fut réalisée dans les cœurs presque aussitôt que sur le papier, et sans l'ombre d'une arrière-pensée.

Il ne restait plus qu'à pourvoir à la direction de la maison de Nant. M. Bioulac consentait bien à la conserver provisoirement, mais désirait en être déchargé. Le P. Querbes porta son choix sur le Fr. Gonnet qui, depuis un an, aidait ou suppléait, à Vourles, le P. Liauthaud dans la charge de maître des novices.

C'était bien l'homme de la situation. Il n'avait laissé à Nant que des sympathies et des regrets. Le clergé et Mᵍʳ Croizier lui-même le tenaient en très haute estime; les Frères de Saint-Jean avec qui il avait, pendant deux ans, partagé sa maison et vécu fraternellement conservaient de son voisinage le meilleur souvenir ; aussi l'accueillirent-ils avec la plus vive satisfaction.

Vous ne pouviez nous faire un plus grand plaisir que de nous donner le Fr. Gonnet comme supérieur, écrivait le Fr. Souques, interprète en cela des sentiments de tous.

Le Fr. Gonnet arriva à Nant dans le courant du mois d'août 1854. L'ordre et la discipline avaient beaucoup souffert pendant les derniers mois; il les rétablit tout de suite, sans brusquerie ni raideur, mais avec fermeté. Recrue du P. Liauthaud à Panissières, l'un des novices formé par lui pendant les premières années du noviciat régulier, en 1839-1840, son collaborateur et son secrétaire durant l'année qui venait de s'écouler, il apportait à Nant le pur esprit, les usages et les traditions de Vourles. Son récent séjour à la maison-mère, aux côtés de son supérieur, les fonctions de syndic des établissements de l'Aveyron qu'il avait remplies depuis sa nomination à Nant, en 1844, l'avaient un peu initié et préparé à l'administration de la communauté. Il l'abordait enfin avec des qualités de premier ordre : tact, modération, clarté et finesse de jugement, et avec deux vertus qui étaient à elles seules un gage certain de succès : un amour indéfectible de la règle et une soumission empressée sans réserve à l'autorité. Son honneur et son grand mérite seront d'avoir toujours été, dans l'Aveyron, l'interprète fidèle, l'exécuteur docile et dévoué de la pensée et de la volonté du P. Querbes.

CHAPITRE VII

Quatrième période (1852-1859).

1. L'Empire. — Fondations.

Pendant que se négociait entre Vourles et Rodez
l'importante affaire de l'affiliation des Frères de Saint-
Jean, l'Institut des Clercs de Saint-Viateur poursuivait sur d'autres points sa marche progressive. En
1852, le coup d'État du 2 décembre n'avait provoqué
en province que de faibles mouvements insurrection-
nels, d'ailleurs vite réprimés. Défenseur de l'ordre,
l'Empire se montra d'abord favorable à la religion et
à la liberté d'enseignement, appliquant la loi Falloux
dans l'esprit qui l'avait élaborée. Les nouveaux fonc-
tionnaires préposés à la surveillance de l'instruction
primaire, inspecteurs et délégués cantonaux, remplirent leurs fonctions avec impartialité et avec zèle.
En guise d'encouragement aux instituteurs, ils
distribuèrent des distinctions aux plus méritants.
Plusieurs Clercs de Saint-Viateur : le Fr. Blein
à Amplepuis, le Fr. Foucault au Donjon, le Fr. Plasse
à la Cavalerie, obtinrent des mentions honorables qui
leur furent décernées solennellement en présence des
autorités religieuses et civiles.

Les communes ne furent pas gênées dans le choix

de leurs instituteurs; presque toujours, maires et curés agissaient de concert pour avoir des maîtres religieux. Aussi, comme dans les années précédentes, les demandes continuèrent-elles d'affluer chez le P. Querbes, des départements surtout où les Clercs de Saint-Viateur étaient déjà connus. Ils prirent en France la direction d'une vingtaine de petites écoles ou sacristies durant les années 1852, 1853, 1854.

Somme toute, les fondations de cette période triennale n'égalent ni en nombre ni en importance celles de la période précédente. Elles représentent à peine un dixième des demandes adressées au P. Querbes. La confiance du public, le zèle du clergé pour l'enseignement religieux n'avaient nullement baissé. La prospérité du Noviciat de Vourles s'était maintenue. Mais deux causes avaient contribué à ralentir le mouvement des fondations : la nécessité de développer les écoles existantes et les ravages de la maladie et de la mort.

Le travail acharné auquel était obligé de se livrer le P. Querbes, ses veilles, ses austérités, avaient depuis longtemps ébranlé sa forte constitution; la maladie, des infirmités venaient à leur tour miner son activité. Pour enrayer leur œuvre de destruction il eût fallu du repos, un régime, une attention continuelle sur lui-même; trois choses bien difficiles à son caractère, à sa situation, et plus encore à son austère vertu. Il s'abandonnait là-dessus à la volonté divine avec une magnifique indifférence.

D'autre part, son collaborateur le plus actif, le P. Liauthaud, voyait son propre mouvement paralysé par une pénible infirmité, et les forces qui lui restaient, absorbées par un travail personnel intense, ne lui permettait pas de seconder efficacement son supérieur dans la direction de la communauté.

En face de tant de tâches importantes, le P. Querbes trouva le moyen d'y suffire par le grand secret des saints qui consiste à s'assurer la collaboration de Dieu par une parfaite union avec lui. Grâce à cet art, il activa plutôt qu'il ne ralentit sa correspondance, si désirée toujours et si bienfaisante.

L'expérience lui avait montré le danger d'envoyer ses religieux trop loin de lui, dans des contrées où ils n'avaient pas même la bonne fortune de recevoir de temps en temps une visite de confrères voisins. Les courages les mieux trempés finissaient par s'user dans cet isolement. Aussi, se grouper plutôt que s'étendre fut désormais la règle qu'il s'imposa dans ses futures fondations. Il ne s'en écarta qu'une fois; ce fut pour obliger M. l'abbé Dauphin, doyen du Chapitre Sainte-Geneviève, à Paris, qui lui demandait un Frère pour la direction de sa sacristie. Ainsi s'introduisaient les Clercs de Saint-Viateur dans le diocèse de Paris, où Mgr Affre, dix ans plus tôt, avait désiré les attirer.

Les chaudes sympathies du clergé aveyronnais, qui recommandaient le P. Querbes jusque dans la capitale, ne manquaient pas de parler en sa faveur dans le Rouergue et les diocèses voisins. On n'avait qu'une voix pour louer son désintéressement, sa droiture et son zèle. A l'exemple de Mgr Croizier, Mgr Bardou, évêque de Cahors, voulut avoir un établissement principal des Clercs de Saint-Viateur et leur offrit un immeuble à Rocamadour. Le projet n'eut pourtant

Nant (Aveyron). Noviciat et Maison provinciale (1854).

pas de suite. C'est à peine d'ailleurs si le **P. Querbes** put encore, en **1855**, satisfaire la dixième **partie des** demandes de fondation d'écoles qui lui **furent** adressées. Et pourtant la province-mère en accepta huit.

La jeune obédience aveyronnaise, rejeton plein de sève et de vie, ne produisit guère moins de fruits. Aussitôt après l'affiliation, en **1854** et **1855**, elle ouvrit quatre écoles et fournit trois Frères au collège d'Espalion, soit comme professeurs, soit comme maîtres d'études ou surveillants. Celle des Ternes accepta aussi quatre écoles en **1855**, et sortit des limites du diocèse de Saint-Flour.

Il va sans dire que, pour des raisons diverses, certaines fondations ne duraient pas au delà de quelques années; mais le succès de ces maisons et leur prospérité générale avaient valu à l'Institut des **Clercs** de Saint-Viateur une notoriété toujours croissante. Sur ces entrefaites, deux journaux, la *Gazette de Lyon* et le grand organe de Louis Veuillot, l'*Univers*, publiaient presque en même temps un article sur les Clercs de Saint-Viateur et leur fondateur, article que l'*Ami de la Religion* reproduisit en partie. La publicité de ces périodiques porta son nom dans tous les coins de la France, et même bien au delà des frontières. Les éloges et les demandes plurent à la fois.

Mais comment répondre à toutes ces demandes? Le nombre limité de ses sujets l'obligeait à compter; il fit une application rigoureuse de la règle qu'il s'était prescrite l'année précédente. Toutes les requêtes émanant de diocèses où son Institut n'était pas encore établi furent écartées.

Par contre, aux groupes d'écoles rapprochées les unes des autres il en ajouta six en 1856. Mais des promesses anciennes l'engageaient pour l'année suivante : il ouvrit six nouvelles écoles en 1857.

Les deux obédiences secondaires qui avaient ouvert deux écoles en 1856 se contentèrent cette année-là de maintenir et de développer les établissements existants. Après quelques années de prospérité, l'épreuve avait frappé celle des Ternes. Une crise financière s'y faisait sentir et avait pour conséquence de porter au découragement l'âme de celui qui aurait dû être le soutien, la force et l'appui de ses Frères. Le P. Chargebeuf, supérieur de la province, songeait, en effet, à se retirer pour entrer dans la Compagnie de Jésus. Informé des démarches déjà faites, le P. Querbes partit pour Saint-Flour, le 1er ou le 2 septembre 1857, accompagné du P. Liauthaud, à qui il était heureux de procurer quelques jours de repos et le plaisir de faire connaissance avec les Frères du Cantal. La retraite qu'il prêcha, ses prières, ses entretiens intimes, peut-être aussi les instances de Mgr de Pompignac déterminèrent le P. Chargebeuf à différer l'exécution de sa résolution jusqu'à la fin de l'année scolaire qui allait commencer. C'était du temps gagné ; en attendant, Dieu le désabuserait peut-être de son illusion. Après avoir béni et encouragé ses enfants, après les avoir confiés à la Providence et à la bonté de leur nouvel évêque, gardant pour lui seul le secret des confidences qu'il avait reçues de leur supérieur immédiat, le P. Querbes partit pour Espalion avec son compagnon de voyage.

Il espérait y arriver en même temps que le Novi-

ciat de Nant, lequel, d'après les informations offi-
cielles reçues, devait s'y installer le 15 septembre.
La maison de Nant, trop petite, incommode, grevée
de servitudes intolérables, onéreuse par les frais d'entretien et les locations supplémentaires qu'elle exigeait, ne convenait décidément pas à sa destination.
Le P. Querbes l'avait condamnée au lendemain même
de l'affiliation, dans une lettre adressée à l'évêché de
Rodez. Il ne s'était résigné à y rester provisoirement
que sur le désir des vicaires généraux et pour épargner un souci à la vieillesse de Mgr Croizier. Mais
Mgr Croizier étant mort et remplacé par Mgr Delalle,
la nouvelle administration diocésaine avait été unanime, et pour les mêmes raisons que le P. Querbes,
à désirer un autre siège pour les anciens Frères de
Saint-Jean. Ce siège, M. Baduel, curé d'Espalion, très
dévoué aux Clercs de Saint-Viateur et à leur fondateur
qu'il vénérait, avait mis tout son zèle à le chercher
et une partie de sa fortune à l'acquérir. Dans ce but,
un terrain avait été acheté, et en attendant de bâtir,
M. Baduel avait même loué un local provisoire : c'est
dans ce local que le P. Querbes pensait rencontrer le
noviciat à la date annoncée du 15 septembre. Il n'y
était pas encore et ne put y venir que dans le courant du mois d'octobre.

2. Mort du P. Liauthaud. — Difficultés,

Pressé de rentrer à Vourles pour la réunion
annuelle, le P. Querbes alla saluer ses enfants à Nant.
Il laissa parmi eux le P. Liauthaud qui, au mois
d'octobre, suivit le noviciat à Espalion, et, pendant

plusieurs semaines, édifia, encouragea ses confrères dont l'activité le rajeunissait. Le Fr. Gonnet surtout profita de ses conseils, obligé qu'il était de mener de front la direction de la jeune obédience, celle du Noviciat et sa préparation personnelle aux saints Ordres. Mais une lettre du P. Querbes rappelait bientôt le P. Liauthaud à Vourles. Celui-ci répondit aussitôt, annonçant son départ dans une lettre où de noirs pressentiments se mêlent à des sourires, où se reflètent si bien son cœur, sa vertu, toute son âme. Cette lettre devait être sa dernière.

Son départ alarmait ses confrères par la crainte que sa santé leur inspirait, ses infirmités s'étant aggravées. Il partit néanmoins d'Espalion le 16 novembre par un temps pluvieux et froid, et n'arriva à La Cavalerie que le 18 à 11 heures du soir. Reçu avec bonheur par le Fr. Plasse, directeur, et par son propre neveu, le Fr. Guibert, il ne paraissait pas trop fatigué. Mais le lendemain il souffrait d'une violente crise d'asthme et d'un catarrhe de poitrine. L'oppression devint terrible, menaçant par moments de l'étouffer. Il se confessa; puis, calme, recueilli, uni à Dieu, sans plainte, sans regret, il s'abandonna aux soins dévoués de ses confrères et à la volonté de Dieu. Le 25, il demanda lui-même et reçut vers le soir les derniers sacrements; et le lendemain, vers 8 heures du matin, il rendait sa belle âme à Dieu.

Dès qu'il avait été informé de la maladie du P. Liauthaud, le P. Querbes avait ordonné au Fr. Plasse, en cas de mort, de faire transporter ses restes à Vourles. Mais celui-ci reçut trop tard ses instructions; il fit enterrer son vénéré maître dans le cimetière de La Cavalerie, après de magnifiques funérailles auxquelles la population tout entière tint à honneur de s'associer.

« Dieu m'arrache mon bras droit », s'écria le P. Querbes en lisant la lettre qui lui apportait la nouvelle de cette mort. Et la secousse que sa nature en éprouva fut douloureuse. Plus de vingt-cinq ans d'une étroite collaboration avaient fait du P. Liauthaud une partie de lui-même. Sa première recrue, son premier conseiller, son premier visiteur, il avait été aussi son premier, on pourrait presque dire, son unique maître des novices; car le P. Faure, le P. Favre, le Fr. Gonnet n'avaient guère fait que le suppléer temporairement dans ces importantes fonctions. C'est à lui qu'il devait la formation de la plupart de ses religieux; c'est auprès de lui que presque tous, jeunes et vétérans, continuaient d'aller chercher consolations, conseils et encouragements. Leur ancien maître des novices avait le cœur toujours ouvert pour les accueillir, et savait trouver d'ordinaire le mot qu'on attendait, le remède convenable à la situation exposée. Ils s'adressaient à lui avec une confiance que la crainte ne venait jamais troubler. Malgré sa bonté connue de tous et dont tous avaient si souvent éprouvé les marques, le P. Querbes était l'autorité qui commande, le supérieur qui place et déplace, le juge qui prononce en dernier ressort des sentences de condamnation ou de pardon, le fondateur et le prêtre que son caractère, ses mérites, ses vertus, plaçaient si haut : tout en le vénérant, on ne pouvait s'empêcher de le craindre. Le P. Liauthaud était la mère; et dans les sentiments que l'on éprouvait pour lui, l'affection tenait une plus large place que le respect. Aussi, par sa piété, par son exemple, par la direction qu'il donnait dans ses correspondances, exerçait-il une douce et très heureuse influence.

Il était aussi la tradition vivante. Contemporain des origines de l'Institut, il en connaissait et représentait l'esprit mieux que personne. Comme maître des novices, il en avait enregistré et soigneusement conservé les pratiques, les usages, les méthodes, pour les inculquer aux jeunes. Souvent le Père fondateur faisait appel à ses souvenirs ou à ses notes, quand il s'agissait de ces us et coutumes qui interprètent et complètent la règle écrite. Et ce n'était jamais en vain.

Plus précieuse encore était l'aide qu'il prêtait au P. Querbes dans le gouvernement de la communauté. Non seulement ses fonctions de maître des novices l'appelaient à donner son avis sur les admissions et le placement des sujets, mais en qualité de conseiller il était associé étroitement à l'administration.

Hâtez-vous, mon cher enfant, de faire célébrer le saint sacrifice pour le repos de l'âme de celui qui, à votre entrée dans la vie religieuse, vous a formé à la vertu et à l'amour du bien, et priez le Seigneur qu'il lui donne pour successeur un homme rempli de son esprit, écrivait le P. Querbes à la fin de la circulaire qui annonçait à ses religieux la mort du bon P. Liauthaud.

Ce successeur, il le demanda lui-même à Dieu dans les plus ferventes prières ; et, ne croyant pas le trouver autour de lui, il voulut aller le prendre aux Ternes. Le Fr. Roussilhe y dirigeait le noviciat depuis 1850. C'était un sujet intelligent, doué d'un jugement droit et sûr, pieux, modeste, dévoué et d'une vertu exemplaire. Le P. Querbes le connaissait intimement et lui accordait toute sa confiance.

Aussi résolut-il de l'appeler à Vourles pour lui faire prendre la succession du P. Liauthaud. Et ce nouveau climat serait plus favorable à l'amélioration de sa santé.

Mais il avait compté sans la volonté de Mgr de Pompignac. Or, dans cette circonstance, l'évêque de Saint-Flour, tout en conservant les formes d'une bienveillance parfaite, se montra d'un caractère inflexible. Ne nous demandons pas où était le droit : la question ne se pose plus aujourd'hui. Mais on ne peut s'empêcher d'admirer la sage perspicacité du P. Querbes, si empressé aux premières années de ses fondations de solliciter l'approbation romaine pour sa Congrégation. Et pourtant ses succès ne l'empêcheront pas encore de connaître quelques déboires. En ce moment, la direction de la province des Ternes lui en fournissait un nouveau. Donc, depuis quatre mois, la charge de maître des novices restait vacante. Personne à qui la confier. Les PP. Lahaye et Lajoie, dont le rappel du Canada avait été décidé d'accord avec Mgr Bourget, n'arrivaient pas, retenus l'un et l'autre par des devoirs importants. Le saint évêque de Montréal s'excusait, à la dernière heure, d'entraver les projets du P. Querbes, alors qu'il n'avait rien de plus à cœur que de soutenir son autorité en toutes circonstances; et c'était sans contredit la vérité. Mais le P. Querbes n'en restait pas moins seul, au moment où le rapide déclin de ses forces et la charge vacante de maître des novices lui faisaient le plus vivement sentir le besoin de secours. Y avait-il rien de plus sage et de plus urgent pour le bien de l'Institut que son désir d'en fondre et d'en unir plus étroitement toutes les parties? Et quelle mesure pouvait contribuer davantage à ce résultat que celle de réunir quelque temps, à Vourles, l'élite de ses sujets, pour leur donner une formation identique, leur infuser le même esprit, les préparer à le diriger à leur tour? Mgr Bourget avait hautement approuvé, préconisé même cette idée. Et voilà que, par son fait et celui d'un autre évêque, le projet se heurtait à des obstacles insurmontables et menaçait de devenir un simple rêve. Le P. Querbes n'y renonça pas; il était trop convaincu de son importance et de ses avantages. Il souffrit en silence, selon son habitude, et il attendit de la divine Providence l'heure et les moyens de le poursuivre.

Cette heure n'arriva pas. Au contraire, à l'épreuve morale s'ajouta une épreuve physique. Un accident et une crise de maladie le clouèrent au lit quelque temps. Il en était à peine remis, qu'une grave nouvelle lui mettait un embarras de plus sur les bras. Le P. Chargebeuf, revenant sur sa promesse d'ajourner jusqu'à la fin de l'année scolaire son entrée dans la Compagnie de Jésus, l'informait, le 6 avril, qu'il répondait à l'appel de Dieu; que Mgr de Pompignac avait chargé provisoirement les FFr. Marsal et Roussilhe du gouvernement de la province; et que lui-même, interprétant les intentions de son supérieur, s'était déchargé sur eux de tout le temporel. Dès le lendemain, 7 avril, il partait pour le noviciat de Vals-près-le-Puy.

Les deux Frères à qui Monseigneur de Saint-Flour

avait confié à titre provisoire le gouvernement de leur province, excellents religieux d'ailleurs, n'eurent rien de plus empressé que d'annoncer cette nouvelle à leur supérieur, et dans une lettre admirable, ils protestaient de leur obéissance la plus complète et de leur plus entier dévouement.

Nous voulons être, ajoutaient-ils, des Clercs de Saint-Viateur et vos enfants, et ne faire tous qu'un cœur et qu'une âme pour la cause commune.

Depuis, fidèles à cette déclaration, ils n'avaient rien négligé pour voir clair aux affaires passablement embrouillées, pour soutenir et encourager leurs confrères et tenir leur supérieur au courant de tout.

Leur nomination n'était pourtant que provisoire. Pour arriver à une entente avec Mgr de Pompignac, le P. Querbes se rendit à Saint-Flour dans les derniers jours de mai. Il y reçut l'accueil cordial auquel il était habitué. Mais il ne put que confirmer aux FFr. Marsal et Roussilhe les pouvoirs qu'ils avaient reçus de Monseigneur; car en cette circonstance l'évêque ne semble pas encore avoir fait un pas vers les idées du P. Querbes réclamant le droit de placer et de déplacer ses sujets d'après les intérêts généraux de l'Institut, sans être obligé d'obtenir l'agrément des Ordinaires. Le conflit n'était qu'assoupi, il devait se réveiller à la première occasion. Le P. Querbes rentrait à Vourles avec ce pressentiment.

Les demandes de fondation arrivaient plus nombreuses que jamais. Le maire d'Amiens lui offrait la direction de toutes les écoles de la ville; les archevêques de Bordeaux et d'Aix, les évêques de Valence,

Fréjus, Marseille, Perpignan, Cahors, Limoges. Orléans, désiraient des Clercs de Saint-Viateur pour la maîtrise et la sacristie de leurs cathédrales ou pour des écoles de leurs diocèses. Jamais la moisson n'avait paru plus abondante, ni le nombre des ouvriers plus insuffisant. Fidèle à la règle qu'il s'était tracée, le sage supérieur écarta les demandes de tous les diocèses où sa communauté n'était pas encore établie, mais accepta cinq nouvelles écoles en 1858.

L'obédience des Ternes, sa fille aînée, put en fonder trois, bien que, depuis deux ans, son noviciat fût très mal fourni, faute de ressources pour le faire vivre. Dans la terrible épreuve qu'elle venait de traverser, elle donna bien des consolations au P. Querbes, consolations d'autant plus nécessaires que l'opposition de l'évêché de Saint-Flour ne fléchissait pas. C'est ainsi qu'aux vacances de 1858, après les deux retraites de Vourles, ayant toujours à cœur de pourvoir à la charge de maître des novices et à l'organisation de l'obédience des Ternes, il décida de nommer le Fr. F. Favre supérieur de cette obédience. Les études que celui-ci avait faites depuis quelques années, sous la direction de son frère, le P. Hugues Favre, le mettaient en état de recevoir prochainement les saints ordres. Le Fr. Marsal lui serait adjoint comme maître des novices et sous-directeur, et le Fr. Roussilhe, devenu enfin disponible, aurait recueilli la succession du P. Liauthaud. Cette fois encore Mgr de Pompignac se montra inflexible; plus catégoriquement qu'à l'automne précédent, il opposa son veto à la combinaison, si bien qu'un douloureux malaise régna dans tous les cœurs pendant les trois derniers mois de 1858. La patience du P. Querbes et la vertu des FFr. Marsal et Roussilhe finirent par triompher. Ce dernier suppliait l'évêque de lui permettre enfin d'obéir à son supérieur; le Fr. Marsal, nommé définitivement directeur de l'obédience, faisait, par sa généreuse abnégation, le sacrifice d'un confrère qui lui était si cher et si utile; à la fin de décembre la cause était gagnée et tous les deux étaient heureux d'écrire à leur Supérieur général : « Monseigneur ne s'oppose plus à vos volontés, nous sommes tout à vos ordres. » Content de cette victoire partielle, le P. Querbes n'insista probablement pas davantage. La santé du bon Fr. Roussilhe avait d'ailleurs décliné rapidement; il devait mourir le 21 mars 1859, dans les sentiments de la plus grande piété.

3. Au Canada.

Pendant que l'obédience des Ternes se fortifiait dans l'épreuve, celle de l'Industrie, sa sœur cadette, y puisait, elle aussi, des bénédictions. Elle avait fait, comme son aînée, la dure expérience de la pauvreté; et si elle ne connut guère les contradictions du dehors, elle eut à souffrir de plusieurs tiraillements au dedans, sans parler des efforts démesurés qu'elle devait s'imposer pour soutenir ses fondations. Dans l'affection toute paternelle et la confiance si honorable qu'il lui témoignait, Mgr Bourget l'avait d'abord poussée trop vite, lui avait fait trop entreprendre. Trois collèges classiques étaient notamment un fardeau au-dessus de ses forces. Aussi accueillit-elle avec un soupir de soulagement, en 1857, la décision épiscopale ordonnant la fermeture définitive de celui de Chambly.

Fac-similé de la première page du *Cérémonial*
(manuscrit du P. Querbes).

Une autre décision du saint évêque lui fut également très favorable. Beaucoup de curés qui avaient ouvert des écoles paroissiales leur donnaient le titre de collèges et en rêvaient pour elles les prérogatives; tel était, entre autres, le cas des deux « petits collèges » de Verchères et de Longueil. Avec beaucoup de sagesse, Mgr Bourget vit dans les « petits collèges » une superfétation inutile; et pour couper court aux ambitions naissantes de leurs fondateurs, il défendit d'y enseigner le latin. C'était rendre aux Clercs de Saint-Viateur le plus grand service en les mettant à l'abri d'exigences qui n'auraient pas tardé à se produire. Le collège de Joliette avait sa charte spéciale, approuvée, signée par Mgr Bourget, et prévoyant un cours de latin. Ce privilège ne lui fut point enlevé, et le cours régulier de latin y fut organisé en 1857 par le P. Lajoie. Un cours semblable était déjà établi au collège de Rigaud conformément au désir du fondateur, M. Désautels; Mgr Bourget le toléra.

L'année scolaire 1857-1858 marque une période décisive dans l'organisation de la jeune obédience canadienne. L'Institution des sourds-muets, malheureusement transportée à Chambly en 1856, revient au Coteau-Saint-Louis en 1857, après la fermeture du collège et s'y fixe définitivement. Cette année même, le P. Lahaye y termine l'église, qui sera bénite à l'automne de 1858. Ainsi la paroisse, l'école paroissiale et l'école des sourds-muets reçoivent en même temps leur siège et leur organisation. A l'Industrie, le P. Lajoie fait rebâtir l'aile en bois du collège Joliette, détruite par un incendie l'année précédente; le P. Champagneur commence la construction du noviciat sur un plan qu'il a soigneusement préparé et qu'il est heureux de décrire à son supérieur : *La maison, de 96 pieds par 48, aura deux étages, sans compter les mansardes, et une cave sur toute sa longueur de 7 pieds de haut.* A Rigaud, le seigneur du lieu avait donné à la communauté un magnifique terrain au pied de la montagne, et le P. Michaud achevait la construction du collège, devenu depuis la propriété des Clercs de Saint-Viateur. En annonçant ces bonnes nouvelles à son supérieur, le P. Champagneur lui disait, avec une complaisance contenue mais sensible : « Notre communauté se trouvera désormais dans un état « confortable », comme disent les gens d'ici. »

L'esprit religieux allait de pair avec le progrès matériel ; partout la règle s'observait fidèlement ; partout, jusque dans les plus petits détails de l'ordre du jour, on visait à se conformer aux usages de la maison-mère. A la fin de l'année 1857, la province de l'Industrie dirigeait dix établissements et comptait cinquante-deux sujets ; à la fin de l'année 1858, elle avait ajouté quelques unités à son personnel et deux fondations nouvelles aux anciennes : l'école de Beloeil et la mission de Victoria, dans l'île de Vancouver. Cette mission, placée sous la direction du P. Michaud, devait aider Mgr Demers au défrichement matériel et moral de son diocèse où tout était à créer, jusqu'à l'évêché et à l'église cathédrale. Le P. Michaud, déjà bâtisseur, devait en être l'architecte, l'entrepreneur et presque le maçon. L'esprit qui avait fait accepter au P. Champagneur la mission de Vancouver était celui qui avait inspiré au P. Querbes la mission de Saint-Louis,

4. Fondation de Camonil.

L'obédience du Rouergue, de sept ans plus jeune que celle du Canada, ne donnait pas de moins belles espérances. Elle rencontrait les mêmes sympathies et les mêmes encouragements auprès du clergé et de l'évêque.

Mais la mort de M. Baduel et le caractère provisoire et défectueux de la première installation, la perspective de dépenses considérables, peut-être en pure perte, pour une installation définitive, la longueur et la difficulté des communications avec la préfecture et l'évêché, le désir intime que Mgr Delalle, le nouvel évêque, son vicaire général, M. Casimir Sabathier, et son secrétaire général, M. Désiré Sabathier, frère du précédent, nourrissaient de rapprocher d'eux l'établissement principal de la jeune Congrégation, la certitude enfin que toutes les parties du diocèse enverraient un contingent de vocations et un contingent d'autant plus fort que le siège de l'obédience serait plus central et plus facilement abordable : toutes ces considérations ne laissèrent pas de repos aux amis du P. Querbes qu'ils n'eussent trouvé pour sa communauté un siège plus convenable.

Le plus discret, le plus actif et le plus avisé de tous ces amis fut M. Casimir Sabathier. On en jugera par les extraits d'une lettre qu'il lui adressa à la date du 14 décembre 1858 :

Je viens vous communiquer une bonne nouvelle. Mgr l'évêque est à la veille d'acquérir aux portes de Rodez un vaste enclos, pour y établir définitivement le noviciat de vos chers Frères. La position est magnifique, il y a cinq hectares de terrain d'un seul tènement et qui pourra être cultivé en jardin ou en prairie. Il y a de vastes bâtiments, appropriés jusqu'ici pour une ferme, mais qui pourraient être disposés pour l'établissement. La proximité de la ville permettra d'ouvrir un pensionnat primaire, et j'ai confiance qu'il sera fréquenté, surtout si, pour le diriger, vous nous envoyez quelques sujets comme M. Grange... Assurément vos Frères seront mieux ici que partout ailleurs.

Il expliquait ensuite que Mᵍʳ Delalle prenait à sa charge les frais d'acquisition, ne laissant à celle du P. Querbes que les frais d'appropriation des constructions existantes et le coût des constructions nouvelles.

L'affaire ainsi amorcée fut rapidement menée. Avant la fin du mois, la vente provisoire était passée, et, dès les premiers jours de 1859, un archictecte de confiance recevait mission de préparer les plans d'une construction qui servirait à la fois pour le noviciat et le pensionnat primaire, avec chapelle commune, mais séparation et indépendance pour tout le reste, de manière que les deux œuvres pussent fonctionner côte à côte sans se gêner mutuellement. Deux mois après, les plans et devis étaient terminés, les démolitions faites, les matériaux de construction à pied d'œuvre, et le Fr. Alexandre appelé d'Espalion à Rodez pour surveiller les travaux. Mᵍʳ Delalle allait souvent se promener dans la propriété pour voir les ouvriers, et M. Sabathier ne passait pas un jour sans visiter le chantier. A mesure que s'élevaient les constructions, c'était un avenir qui montait plus brillant devant les yeux des enfants du P. Querbes. Cependant, à leurs espérances se mêlaient parfois quelques craintes : « A la vue de ce plan qui est un peu grandiose, lui écrivait le Fr. Gonnet, vous avez dû être effrayé et dire : « Ces pauvres enfants sont fous, ils vont s'enfoncer ! »

Mais ils se hâtaient de le rassurer et de se rassurer eux-mêmes. Après avoir traversé des années désastreuses, ils ne s'étaient pas encore endettés d'un sou. Monseigneur, dans une circulaire à son clergé, faisait un appel en leur faveur, et ils pouvaient compter sur tout le dévouement de M. Sabathier, de qui M. Georgeon, supérieur du Grand Séminaire, leur disait : « Laissez-le faire ; vous avez là un bon cardinal protecteur. » L'entreprise ne leur semblait donc pas téméraire dans de pareilles conditions. Le Fr. Gonnet, déjà sous-diacre, allait recevoir le diaconat à la Trinité, et Monseigneur, lui faisant brûler les étapes, voulait l'ordonner prêtre au mois de septembre. Il ne manquait plus qu'une chose à leur bonheur : la présence du Père.

Il fallait qu'il vînt signer l'acte officiel de vente et assister à la bénédiction solennelle de la maison, que Mgr Delalle se proposait de faire lui-même pendant les vacances.

Nous serons cette fois en état de vous recevoir convenablement, et vous ne pourrez pas nous dire, en repartant, que vous avez le mal du pays.

Ainsi lui parlaient le Fr. Gonnet et le Fr. Alexandre dans l'abandon familier d'enfants à l'égard d'un tendre père. Rien ne pouvait réjouir davantage le P. Querbes que le bel avenir qui s'ouvrait dans sa chère et jeune obédience aveyronnaise. Mais ce bel avenir qu'il avait préparé et dont il saluait l'aurore pleine de promesses, il ne devait pas en voir la réalisation.

CHAPITRE VIII

Vie intérieure de l'Institut.

Le développement extérieur dont nous venons de tracer l'esquisse n'allait pas assurément sans un progrès intérieur parallèle.

C'est durant les vacances de 1845 qu'eut lieu la tenue du premier Chapitre général des majeurs. Jusque-là, en effet, le gouvernement de la Société avait résidé tout entier dans la personne du fondateur, éminemment actif, dirigeant tout, veillant à tout, sans autre assistance que celle de conseillers locaux. Or, contrairement à ce qui arrive d'ordinaire, sinon toujours, dans la fondation d'un institut religieux, pour les Clercs de Saint-Viateur, l'approbation romaine n'avait pas consacré l'expérience d'un long passé, mais seulement préparé et assuré l'avenir, en lui traçant une route. L'organisation du noviciat régulier et les conférences du P. Querbes pendant les réunions des vacances, ses directions et ses correspondances privées, avaient sans doute précisé bien des points et établi partout des habitudes autant que possible uniformes. Il fallait toutefois les soumettre à une revision et leur donner force de loi. Le P. Querbes avait préparé ce travail avec le concours du maître des novices, le P. Liauthaud. Pour le faire passer en règlement général définitif, il le soumit aux Catéchistes majeurs réunis pendant les vacances de 1845. Ce fut le premier Chapitre de l'Institut, et non le moins important si l'on en juge d'après le nombre et la nature de ses décisions.

Ces travaux servirent de thème pour les conférences dans les journées qui précédèrent la retraite annuelle. Disons un mot de ces réunions. Nous avons d'autant plus de motif de le faire qu'elles se continuent encore dans les provinces de l'Institut, dans celles du moins où des causes extérieures n'en rendent pas impossible la tenue. Elles étaient obligatoires pour tous les Catéchistes et duraient normalement un mois, de la Saint-Mathieu à la Saint-Viateur, 21 octobre. Leur raison d'être et leur but n'étaient pas seulement la retraite commune, c'était principalement de faire vivre ensemble, pendant un mois, des religieux isolés les uns des autres ou dispersés par petits groupes tout le reste de l'année.

Dès leur arrivée ils entendaient tous les jours une conférence de leur Père sur les obligations des maîtres chrétiens. Ces conférences du P. Querbes ouvraient ainsi les dix ou douze premiers jours de la réunion; elles ne les remplissaient pas. Sous sa direction, sous sa présidence souvent, avaient lieu, dans le reste de la journée, des conférences pédagogiques, des cours faits par les plus expérimentés de ses régents, véritable enseignement mutuel, où, sans prétention d'un côté, sans fausse honte de l'autre, chacun donnait et prenait ce qu'il pouvait.

Classes, conférences profanes et religieuses alternaient pendant la première partie de la réunion, et elles étaient suivies des examens de contrôle pour les études particulières, et des examens de promotion aux divers rangs de l'Institut. Des commissions spéciales revisaient en même temps les comptes des régents, les inventaires du trousseau individuel et des bibliothèques, de manière qu'à l'ouverture de la retraite, religieux et novices n'eussent à s'occuper que des affaires de leur âme.

La retraite était toujours prêchée par un Père Jésuite. Mais le Père fondateur ne perdait pas lui-même contact avec ses religieux dans les moments si précieux de la retraite. Connaissant mieux que personne leurs besoins et leurs devoirs, il se réservait toujours la conférence du matin pour leur donner ses directions et ses avis. Il en profitait aussi pour épancher son âme dans celle de ses enfants et leur inculquer certains points de la vie religieuse qui lui tenaient particulièrement à cœur.

Telle était la physionomie de ces réunions des vacances vers 1845-1847. Telle était la vie intime de l'Institut vers cette même époque.

Transportons-nous à dix ans plus tard, en 1855. Durant cette décade, le développement extérieur a suivi une marche progressive intense; de là ont surgi de nouvelles difficultés. L'une, en particulier, se fait sentir à laquelle il est urgent de pourvoir. Depuis 1836, les religieux avaient vécu sous le régime du *Directoire* publié cette année-là. Les statuts approuvés en 1839, s'ils avaient précisé la nature et le but de la Société, ne lui avaient pas apporté de règlements nouveaux. Ils avaient du moins orienté la vie des religieux vers un idéal plus précis. Restait à revoir ce *Directoire*, imprimé déjà depuis plus de vingt ans, et à commenter les statuts, plus récemment approuvés.

Nous avons dit comment, par ses conférences et avis de toute sorte, le P. Querbes avait constamment pris soin de réaliser ce but. Le Chapitre de 1845 avait précisé certains points et donné par ses approbations force et autorité à quelques mesures prises pour le bien des religieux. Mais ces mesures n'étaient que des jalons provisoires et l'amorce d'un travail autrement important auquel songeait toujours le P. Querbes. Une circonstance tout imprévue vint, en 1855, lui donner l'occasion d'activer ce travail : ce fut la venue, en France, de Mgr Bourget, évêque de Montréal, et son séjour à Vourles pendant plusieurs semaines et même plusieurs mois. Nous connaissons cet évêque au cœur pieux et apostolique, la grande part qu'il avait prise à l'établissement des Clercs de Saint-Viateur au Canada, le dévouement qu'il leur témoigna, bien plus, la paternelle affection qu'il leur prodigua toujours : sentiments qui eurent l'occasion de se manifester d'une manière encore plus marquée, lors de son passage à Vourles, en 1854. C'était l'année de la proclamation du dogme de l'Immaculée Conception, à laquelle assista le pieux évêque. A son retour de la Ville Éternelle, il s'arrêta à Vourles. Durant le séjour qu'il y fit et que les circonstances prolongèrent, il s'établit entre ces deux hommes de Dieu, Mgr Bourget et le P. Querbes, une collaboration qui atteignit en quelques jours un très haut degré d'intimité.

Ce fut l'occasion pour l'évêque de Montréal d'écrire, outre une *Vie de saint Viateur*, ses *Observations* au

P. Querbes sur les rapports à établir entre la maison-mère et les Frères de la province canadienne. Dans cet opuscule, le Père fondateur fut heureux de trouver la confirmation de ses propres vues. Aussi après avoir réglé ce qui concernait les religieux du Canada, le P. Querbes saisit-il l'occasion d'inviter son auguste visiteur à se placer à un point de vue plus général. C'était pour lui une fortune d'avoir auprès de lui un conseiller de cette compétence et de cette autorité; il lui soumit ses idées et ses écrits qu'il était à la veille de publier, notamment le manuscrit du *Directoire* corrigé et des *Commentaires des Statuts*. Mgr Bourget formula ses idées, et lorsqu'il vit sa mission en France accomplie, il prit congé du supérieur des Clercs de Saint-Viateur, et le P. Querbes encouragé, pressé même de livrer au plus tôt la nouvelle édition de ses Règles, se mit à l'ouvrage. Cette œuvre, plus considé-rable par son importance que par son étendue, devait comprendre la mise au point du *Directoire général*, le *Commentaire des Statuts* approuvés et les divers *Directoires particuliers* qui tracent les règles d'une bonne administration, en se basant sur les statuts et sur le caractère propre de la Société. Mais le *Com-mentaire des Statuts* était une œuvre délicate, œuvre de recueillement, de paix et de sagesse que lui seul pouvait faire; car, indépendamment des lumières surnaturelles que Dieu lui prêtait, lui seul avait grâce d'état pour en livrer à ses enfants l'interprétation fidèle. A cette tâche, il avait, depuis 1838, consacré ses conférences annuelles, et, mille fois interrompu, il y revenait sans cesse. A l'automne de 1855, lors du séjour de Mgr Bourget à Vourles, son manuscrit poussait le *Commentaire* jusqu'au XXe statut inclusivement. Mais il ne devait évidemment pas s'arrêter là. Il ne se contenta pas de revoir le manuscrit et d'y faire les retouches indiquées par le prélat, il développa ce commentaire abondant et sobre, large et précis tout à la fois, doctrinal et pieux, qui révèle pleinement l'esprit, la portée, les conséquences pratiques des règles principales. A part l'ordre et l'enchaînement qui sont ici plus libres, on relève dans ce *Commentaire* les qualités de fond et de forme qu'on a admirées dans le *Directoire* : justesse dans la pensée, finesse dans l'observation, abondance des aperçus, fermeté, précision et sobriété de style, avec cet art de résumer en peu de mots, sans aucune sécheresse, la matière délayée ailleurs dans de longs chapitres.

Dans ce travail qu'on peut bien regarder comme son testament spirituel, le P. Querbes, toujours fidèle à lui-même, laisse éclater son esprit de foi, son zèle pour la maison de Dieu, son respect des choses saintes et son dévouement au Saint-Siège. Malheureusement le temps lui manqua pour l'achever. Il laissa néanmoins de nombreux matériaux, en particulier dans ce que sa famille religieuse désigne sous le nom de *Directoire* ou *Livre d'or*. Comme leur nom l'indique, ces *Directoires* sont de petits traités à l'usage des divers officiers de la Congrégation, pour les *diriger* dans les multiples charges ou emplois qui peuvent leur être confiés. Tels sont les *Directoires* du Supérieur général et des membres de son Conseil, ceux des supérieurs provinciaux, des maîtres des novices, des prêtres de l'Institut, des directeurs d'établissement, etc.

Il en projetait encore bien d'autres. On trouve même dans ses papiers des ébauches pour les plus humbles emplois. Dieu ne lui permit pas d'y mettre la dernière main. Il eut beau forcer la nature, y travailler le jour et la nuit, pendant tous les instants qu'il pouvait dérober à son ministère, à ses occupations et préoccupations multiples, des besognes plus urgentes, des voyages nécessaires, la maladie, lui enlevaient toujours l'outil des mains, en attendant que la mort vînt l'y briser.

CHAPITRE IX

Dernières années du P. Querbes.

1. Confrérie des Saints-Anges.

Jusqu'en 1859, le P. Querbes avait mené de front, sans faiblir, et l'administration de sa paroisse et celle de sa communauté. Durant les premiers mois de cette année il réalisa une œuvre chère à son cœur en établissant dans sa paroisse une confrérie en l'honneur des saints anges. Le règlement de cette pieuse Association, dernier acte de son ministère pastoral, porte la date du 2 février 1859. Cet héritage, ses enfants devaient le saisir de leur main filiale; cette dévotion ils devaient se faire un devoir et une gloire de la propager dans le large rayonnement de leur influence. Il ne devait pas leur suffire, en effet, de l'inspirer à leurs élèves et dans la sphère relativement étroite de leurs écoles. Quelque vingt-cinq ans après la mort du fondateur, un de ses fils aussi méritant que modeste, mais animé d'une foi vive et d'une piété ardente, conçut et réalisa le projet de fonder dans une maison peuplée d'une jeunesse nombreuse et d'un groupe choisi de religieux une confrérie en l'honneur des saints anges. C'était le P. Souques, provincial de Rodez et futur vicaire de l'Institut. Le

81

X.

Directoire du CHAPITRE.

I. Le Chapitre sera convoqué tous les cinq ans, au   *Convocation*
lieu et au temps fixé par le Directeur principal de l'avis
du Directoire, trois mois au moins avant sa tenue. Si, avant
l'expiration des cinq ans, le Directeur principal vient à mourir
ou sa charge à vaquer de quelque manière que ce soit, le
Chapitre se tiendra dans les six mois après la vacance, et le
Vicaire, ou à son défaut le plus ancien Discret, sera tenu de faire
la convocation dans les quinze jours, à moins qu'il n'y ait lieu
de différer, d'après la décision du Directoire. L'avis de cette
convocation sera adressé au plus tôt aux Directeurs des établissements principaux et par eux à tous ceux de la Société, et
il sera signifié respectueusement au Révérendissime Ordinaire.

Page du Livre d'or (manuscrit du P. Querbes).

terrain où il jetait le précieux grain était d'ailleurs un terrain de choix. C'était le diocèse de Rodez où la dévotion aux saints anges gardiens était répandue et florissante.

Mû par sa dévotion aux esprits angéliques, par des considérations historiques et d'autres bien actuelles, le P. Souques établit donc canoniquement, en 1884, dans la chapelle de Camonil, une confrérie de l'Ange-Gardien, qui, en 1890, comptait déjà plus de cinquante mille associés. Élu vicaire de l'Institut en 1890, et résidant à Vourles, au berceau même de la communauté, dans ces lieux où se conservait vivant le souvenir de la tendre dévotion que le vénéré fondateur avait pour les saints anges, le P. Souques obtient, en 1891, du cardinal Foulon, archevêque de Lyon, l'érection d'une nouvelle confrérie dans la chapelle de la maison-mère, la fait affilier à l'archiconfrérie romaine et lui donne un bulletin mensuel.

Les registres comptent aujourd'hui des centaines de mille agrégés. A l'instigation du P. Souques ou sur ses encouragements et ses conseils, Oullins après Vourles, puis la Belgique, le Canada virent s'ériger de nouvelles confréries. Grâce à son initiative, la dévotion aux saints anges a pris une grande extension; il lui vient des associés des cinq parties du monde.

Quant au bulletin de la Confrérie, recueilli et continué par des mains pieuses, comme un précieux instrument de bien, il a crû et s'est multiplié dans les mêmes proportions; il a vaillamment traversé toutes les crises des temps où nous vivons. Il a aujourd'hui environ *vingt mille* abonnés et plus de *cent mille* lecteurs.

2. Mort du P. Querbes.

A l'époque où le P. Querbes établit sa pieuse confrérie paroissiale des Saints-Anges, il se trouvait assez gravement malade. Déjà, en janvier 1858, terrassé par une crise aiguë, il avait dû se reposer plusieurs semaines. L'année d'après, une nouvelle crise se produisit plus violente et plus longue, qui le cloua dans sa chambre sinon dans son lit, et, au début d'avril, ses jours furent en danger. Des prières s'élevaient de partout, implorant ardemment du ciel sa guérison. Le Ciel la refusait.

A l'occasion de la fête de Pâques, le P. Favre voulut convoquer ses Frères à Vourles autour de leur Père bien-aimé, pensant bien que cette réunion serait la dernière. Ils accoururent nombreux, empressés de lui apporter, par leur présence, un réconfort, et désireux de recevoir de lui une bénédiction. Il les bénit, en effet, mais d'une voix et d'une main défaillantes : et eux le quittèrent, les larmes aux yeux, avec la crainte d'être bientôt orphelins.

A peine étaient-ils repartis, qu'un revirement inattendu se produisit dans son état. L'amélioration subite continua et s'affermit. Vers la fin du mois de mai, le curé de Vourles put reprendre ses fonctions pastorales. Un dimanche, il monta en chaire, à la grande joie de tous les paroissiens venus en foule, avides de le contempler et de l'entendre. Il leur dit, en particulier, comment il s'était senti sur le point de paraître devant Dieu... Jamais sermon sur le jugement n'avait produit plus d'effet sur cet auditoire. Jamais non plus les habitants de Vourles n'avaient mieux senti combien leur curé leur était cher. Hélas! les espérances devaient être de courte durée.

Dès le mois de juillet, la terrible maladie reprit son cours et rien ne put l'arrêter. Pendant cette seconde phase, les douleurs furent plus vives et presque continuelles, mais acceptées avec patience et une pleine résignation. Cet état se prolongea sans répit pendant les mois de juillet et d'août, ruinant cette fois tout espoir de rétablissement. Au jour de la Saint-Louis, sa fête patronale, ses enfants de Lyon et des environs vinrent se joindre à ceux de Vourles pour lui offrir leurs vœux. Il les accueillit avec bonheur et fit effort pour descendre jusqu'à la table de communauté. Cette réunion devait être la dernière pour lui. A partir de ce moment, ce qui lui restait de forces déclina rapidement. Le lundi 29 août, il demanda et reçut, des mains du P. Favre, les derniers sacrements, dans les plus vifs sentiments de foi et de piété. Ses enfants agenouillés faisaient cercle autour de son lit, contenant leur émotion. Il leva sur eux son regard et ramassa toutes ses forces pour leur adresser de sa voix haletante ses dernières paroles. « Ce fut, écrit le P. Favre, une vive exhortation à la soumission aux supérieurs et à l'union entre frères. » De cette exhortation, les assistants retinrent le mot qui les avait le plus frappés : « Mes enfants, soyez fidèles à l'obéissance. » Ils le recueillirent comme le testament d'un père et comme une recommandation du ciel. Le jeudi suivant, 1er septembre, le pieux fondateur entrait en agonie, et vers 9 h. 1/4 du soir, il rendait son âme à Dieu.

Quoique l'heure fût tardive, la nouvelle de sa mort

se répandit vite dans le village et y jeta la consterna-
tion. Le vendredi 2 et le samedi 3 septembre, tout le
temps que son corps, revêtu des ornements sacerdo-
taux, resta exposé, ce fut un défilé continuel de tous
les paroissiens : hommes et femmes, jeunes et vieux
venaient une dernière fois contempler ses traits
vénérés, répandre l'eau bénite sur la dépouille mortelle, et moins prier pour le repos de son âme que se
recommander à son intercession.

Les funérailles eurent lieu le lundi 5 septembre.
Elles furent, selon l'usage du diocèse, présidées par
l'archiprêtre, curé de Saint-Genis-Laval, en présence
d'une foule immense de prêtres, de Clercs de Saint-
Viateur, de paroissiens et d'autres personnes. L'église
était trop petite pour la contenir. L'honneur de prononcer l'éloge funèbre du défunt fut offert, par un
sentiment de délicatesse, à M. le curé de Saint-Bona-
venture de Lyon.

Ce fut donc M. l'abbé Vincent Pater qui vint
apporter sur le cercueil du P. Querbes le témoignage
d'une vieille et constante amitié de plus de cinquante
années. Il le fit en termes émus, laissant parler ses
souvenirs et son cœur. Il retraça à grands traits la
carrière de son ami : son vicariat si fécond à Saint-
Nizier, son ministère pastoral à Vourles, la construction de l'église, la création de deux écoles, la fondation de sa Congrégation et les luttes qu'elle lui avait
coûtées, son zèle, son dévouement, sa charité inépui-
sable, l'esprit de paix qu'il avait su maintenir dans
son troupeau, même à l'époque des orages révolutionnaires, sa modestie, son désintéressement, son humilité, qui faisaient de lui un modèle pour ses frères dans

le sacerdoce, le précieux héritage qu'il laissait aux Clercs de Saint-Viateur orphelins. Il termina par une touchante péroraison qui fit couler bien des larmes.

Ces larmes accompagnèrent la dépouille mortelle du défunt jusqu'au cimetière où elle fut enterrée au pied de la grande croix. La reconnaissance de ses paroissiens voulait lui ériger un monument, mais pour respecter jusque dans la mort son amour de la simplicité, elle se contenta de recouvrir sa tombe d'une grande dalle sur laquelle se lit encore cette inscription :

Sous cette pierre

repose, en attendant la bienheureuse résurrection,

le corps de

JEAN-LOUIS-JOSEPH-MARIE QUERBES

Prêtre d'un zèle, d'un désintéressement, d'une charité admirables,

qui pendant 37 ans fut curé de la paroisse de Vourles,

y fonda l'Institut des Clercs de Saint-Viateur,

mourut le 1ᵉʳ septembre 1859, âgé de 66 ans.

Cinquante ans plus tard, le 25 mai 1909, sur l'invitation du P. Robert, alors provincial et occupé déjà à écrire la vie du Père fondateur, en présence de M. le chanoine Routier, délégué de S. Em. le cardinal archevêque de Lyon, du P. Lajoie, Supérieur général, de nombreux assistants parmi lesquels se trouvaient plusieurs Clercs de Saint-Viateur, les restes du P. Querbes furent retirés du premier cercueil où ils reposaient, reconnus et reposés au même lieu, dans une nouvelle bière, en attendant le jour désiré de tous ses fils spirituels, où ils pourront être placés sur les autels, honorés comme les reliques d'un saint.

III. Vertus du P. Querbes.

Terminons par le portrait moral que le même historien a tracé de son vénéré Père en religion. C'est un tableau admirable des vertus théologales et morales pratiquées par le fondateur.

Nous reproduirons ici, en les résumant, les traits principaux de cette physionomie sympathique et toute surnaturelle.

On a pu dire du P. Querbes, comme d'ailleurs de ce groupe glorieux de fondateurs religieux du commencement du siècle dernier, qu'il avait été un apôtre. Or, la caractéristique de l'apôtre, n'est-ce pas le zèle de la gloire de Dieu et du salut des âmes? On se rappelle combien le jeune enfant aimait les cérémonies religieuses qui rehaussent la majesté du culte divin et rendent ici-bas au Seigneur l'honneur, la gloire qui lui sont dus. Cet amour de la liturgie et du chant, il l'eut toute sa vie.

L'obligation de sauver son âme et le désir de sa perfection s'étaient manifestés à lui dans leur impérieuse nécessité dès les premières lueurs de son intelligence : à dix ans, il se vouait à Dieu corps et âme. Le service et la glorification du Seigneur, tels que les pratiquaient ses maîtres dévoués de l'école cléricale de Saint-Nizier, eurent assurément une large part dans la détermination de sa vocation sacerdotale et apostolique. Bientôt celle-ci se précise. Avant même d'être appelé à gravir les degrés du saint autel, il reçoit la mission de diriger une école de futurs apôtres, celle même où il s'était déjà formé. Prêtre, il continuera sa mission d'éducateur, de maître chrétien, et l'on sait avec quel zèle, quel amour, il se consacra à cet apostolat sublime. Les enfants occupaient déjà une grande place dans ses préoccupations apostoliques. Ils ne l'absorbaient pas tout entier. Aucune classe d'âmes ne le laissait indifférent, et ce qu'il inaugura à Saint-Nizier, devenu curé il le poursuivit à Vourles. Ici, comme là, jeunes filles et mères chrétiennes, garçons, hommes faits et jeunes gens furent également l'objet de sa sollicitude jusqu'au jour où le Saint-Esprit, lui montrant sa voie, l'engagea dans l'apostolat non exclusif mais principal de l'enfance et de la jeunesse, et en fit le fondateur des Clercs de Saint-Viateur.

Ici le P. Querbes s'engageait dans une vie nouvelle faite de dévouement et d'abnégation, de sacrifices et d'efforts généreux, de veilles et de travaux tels que, seul, le zèle le plus désintéressé de la gloire de Dieu et du salut des âmes pouvait le soutenir. Comme saint Paul, il aurait pu dire à tous : « *Libentissime impendam et superimpendar ipse pro animabus vestris.* Très volontiers je dépenserai et me dépenserai moi-même tout entier pour les âmes. » (*II Cor.*, XII, 15.)

Et comme ce n'eût pas été assez du soin de ses paroissiens et de sa communauté qui s'étendit en peu d'années au delà des mers, le bon Père ne manquait pas de courir après les brebis égarées, âmes déchues et malheureuses, rencontrées n'importe dans quels déserts du monde, sur les chemins de l'erreur et de la perdition. Dans sa discrétion, l'histoire conserve le souvenir de nombreux faits de ce genre que Dieu aura inscrits dans le livre de vie de son zélé ministre.

Ce qui l'encouragea dans la poursuite de son idéal

d'instituteur religieux c'est le bien qui pourrait en résulter pour les âmes, et par conséquent la gloire qui devait revenir à Dieu de l'établissement de son Institut. Aussi ne reculait-il jamais devant une démarche à faire, devant une entreprise, pour lui assurer toutes les conditions de durée et de prospérité ; et l'on peut dire qu'après une vie ininterrompue de labeur et de peines, il mourut les armes à la main pour réaliser sa noble ambition.

Lui-même avait dit que la foi enfante le zèle, et, d'autre part que celui-ci est la mesure de la charité et de l'amour de Dieu. Connaissant ses divines ardeurs, nous pouvons déjà nous faire une idée de ce que furent en lui ces deux vertus théologales, légitimement appelées, l'une, le fondement, l'autre, le couronnement de toute vie parfaite. Nous avons vu ailleurs quel était son esprit surnaturel, combien sa foi vive aimait à s'éclairer toujours davantage aux lumières de la science théologique, de la lecture des livres saints, et, frappant à la porte du tabernacle, entretenir de fervents et amoureux colloques avec l'Hôte divin, ou attendre de lui, aux plus mauvaises heures de la vie, lumière et secours.

Ces vertus théologales, foi, espérance, charité, étaient accompagnées, en cette âme d'élite, d'une humilité profonde, qui alla un jour jusqu'à proposer au Saint-Père, l'approbation de son Institut obtenue, de la décharger de son office de supérieur, comme si sa mission était terminée ou qu'il se jugeât indigne de conduire plus loin ses Frères, ses fils jusque-là ; d'une obéissance toujours respectueuse à l'égard de l'autorité ecclésiastique, même aux moments délicats où celle-ci semblait quelque peu usurper sur ses droits, on s'opposer à ses légitimes volontés; d'un grand esprit de sacrifice, d'une patience toujours prête à supporter les innombrables épreuves de la vie, d'un constant amour du travail, de la retraite et du silence.

C'était l'idéal qu'il avait lui-même tracé du parfait religieux. Mais avant de l'écrire, il l'avait déjà vécu, réalisant cette parole de saint Luc sur Jésus-Christ son divin Maître : « Il fit, puis il enseigna. *Coepit Iesus facere et docere.* »

EPILOGUE

Cette grande et sublime leçon, les fils du P. Querbes se sont efforcés de la recueillir et de la reproduire à leur tour. Ils faisaient ainsi survivre l'esprit de leur fondateur, le fondateur lui-même, et continuaient son œuvre.

Trois quarts de siècle ne sont pas encore passés depuis sa mort. Durant ces soixante-dix ans d'existence, son Institut connut, du moins en France, après une prospérité toujours croissante, une longue série d'épreuves et de luttes qui n'arrêtèrent pourtant pas sa marche en avant, jusqu'au jour où l'adversaire vainqueur lui arracha sinon son âme, du moins jusqu'à la dernière pierre où ses fils, dépouillés et vieillis, pourraient encore reposer la tête.

En 1859, année de la mort du vénéré fondateur, les maisons de France convergeaient vers trois centres principaux qu'avait déjà auparavant fixés le P. Querbes lui-même. Ils constituaient de fait autant de provinces, ayant chacune sa vie propre : directeur particulier, maison de formation, et régences diverses. La maison-mère continuait d'être gouvernée directement par le Supérieur général, successeur du P. Querbes.

Le premier fut le P. Hugues Favre, un enfant de Vourles, depuis ses plus jeunes années fils spirituel du fondateur, le coadjuteur constant et dévoué du

maître, humble et modeste, charitable et pieux, le
modèle accompli de ses frères avant d'en devenir le
chef et le maître à son tour. Sous son gouvernement,
la communauté continua de s'étendre et de multiplier ses œuvres. La maison de Vourles s'agrandit, et
par ses soins fut construite une belle chapelle, capable
de contenir le personnel toujours croissant. La piété
florissait avec la régularité, favorisée d'ailleurs par la
nouvelle édition des Règles à laquelle le vénéré fondateur avait consacré ses dernières forces, ses derniers
loisirs, qu'enfin le nouveau supérieur s'était hâté de
produire au jour et de mettre entre les mains de ses
religieux.

Pendant ce temps chacune des autres provinces
prenait un essor de plus en plus vigoureux. Celle des
Ternes, éprouvée un instant, trouvait dans la personne de quelques religieux d'élite, puis dans le frère
même du Supérieur général, des chefs capables de
mener à bien l'œuvre des anciens Frères de Saint-
Odilon. Ses sujets peuplaient le Cantal et les départements voisins, en attendant d'aller bientôt essaimer
dans les provinces de l'Ouest, le Poitou surtout, dont
les chrétiennes populations se disputaient l'honneur
et le bienfait de les posséder.

Mais ce fut surtout celle de Rodez qui connut les
plus rapides succès. Elle venait à peine d'installer
dans ce chef-lieu de département le centre de sa direction lorsque mourut le P. Querbes. Mais pour la
diriger et la gouverner, le fondateur avait depuis longtemps fait choix d'un homme bien qualifié. C'était le
P. Gonnet, premier Clerc de Saint-Viateur envoyé de
Lyon dans le Rouergue, déjà fondateur du noviciat de

Nant et futur Supérieur général. Ordonné prêtre lors de son installation à Rodez, il présida pendant plus de dix ans au développement de la province naissante, à l'édification du bel établissement de « Camonil », et ne remit à d'autres mains le gouvernail de sa chère famille que pour prendre celui de la communauté tout entière.

Sur ce plus vaste théâtre, il ne donna pas moins de preuves de sa sagesse, de son activité et de son dévouement à la cause de l'enseignement et de son Institut. « *Crescite et multiplicamini*. Croissez et multipliez-vous », avait prophétisé le Souverain Pontife Grégoire XVI, en approuvant la Société du P. Querbes. De cette parole, le P. Gonnet fit sa devise. Pour la réaliser, il consacra tout d'abord sa communauté au Sacré Cœur de Jésus, lors d'un pèlerinage qu'il fit à Paray-le-Monial, assisté du P. Lajoie, vicaire, et de plusieurs membres de l'Institut. Sur son initiative fut fondé, à Paris, un collège d'enseignement classique, où devaient se former un groupe de professeurs d'élite, futurs dirigeants de la communauté. Pressé par les mesures tracassières et les douloureux événements qui assaillaient déjà les Instituts religieux, il établit « l'Œuvre des Noviciats » pour venir au secours de la maison de formation de la province-mère ; de même il favorisa de ses meilleurs encouragements un des membres méritants de la Société, dans son entreprise de fonder une revue pédagogique qui a rendu et rend encore tant de services à des milliers de maîtres chrétiens, et contribue à la diffusion d'ouvrages classiques composés par la Société de Saint-Viateur.

En dehors de la France, il eut la consolation de voir la province du Canada prendre sous son gouvernement un essor merveilleux jusqu'à pouvoir même pousser un rejeton vigoureux dans les États-Unis. En Europe il n'eut que le temps d'entrevoir la première série des épreuves qui devaient éclater sur son œuvre. Les laïcisations avaient commencé en 1886, mais c'est sous le règne de son successeur que la persécution se fit progressive et violente jusqu'au jour où elle ruina toutes les œuvres d'enseignement et de charité, orphelinats divers, que la Société avait su organiser pour aller au secours de l'indigence et du malheur.

Il était réservé au long généralat du P. Lajoie (1890-1919) de voir tomber sur les provinces françaises l'épreuve suprême de la persécution : fermeture des écoles, expulsion, même *manu militari*, emprisonnement et exil.

Mais tandis que la Direction générale cherchait un refuge en Belgique, les anciens religieux, à qui la sécularisation avait rendu le droit d'enseigner, s'efforcèrent de réparer les désastres amoncelés et de rouvrir à leurs anciens élèves leurs écoles brutalement fermées. Ils y réussissaient lorsque éclata la grande guerre. Oubliant les injustices dont ils avaient été victimes, les exilés accoururent à l'appel de la patrie menacée et unirent leurs efforts à ceux de leurs frères restés en France. Beaucoup payèrent leur générosité de leur sang et de leur vie. Leur Société porte encore aujourd'hui les lourdes conséquences de leur mort, comme elle jouit cependant de la gloire et du mérite de leurs sacrifices.

Ces sacrifices en effet avaient eu leur répercussion

heureuse. Obligés de faire face à leur infortune, les religieux avaient tourné leurs regards vers des nations plus jalouses de la liberté et du respect de la personnalité humaine. Passant la frontière, ils allèrent porter chez elles leur dévouement à la cause de l'apostolat chrétien. C'est ainsi que les fils du P. Querbes fondèrent particulièrement en Belgique et en Espagne plusieurs établissements vite florissants, où l'élément indigène dépassa bientôt celui qui était venu de France.

Plusieurs même de ces proscrits ne craignirent pas de passer l'Océan pour aller renforcer les œuvres d'Outre-mer et suivre intégralement leur vocation. C'est ainsi que, par groupes successifs, plus de trente religieux, abandonnant famille et patrie, se dirigèrent vers le Canada, où ils trouvèrent une province nombreuse et d'ailleurs en pleine prospérité.

C'est en 1847, nous l'avons dit, que le P. Querbes confiait à Mgr Bourget, évêque de Montréal, trois de ses religieux pour aller planter en terre neuve et fertile, un rejeton de la tige de son Institut. Le rejeton ne tarda pas à grandir, à se fortifier, et, à la faveur d'une liberté sans limite, sous l'action de la Providence, la protection affectueuse et vigilante de l'évêque, il s'était magnifiquement développé. Écoles primaires et académies, pensionnats et collèges classiques, telle fut la magnifique floraison d'œuvres qui germa dans ce pays de liberté. En 1865, il était assez puissant pour donner plusieurs de ses sujets à la grande nation américaine, à Bourbonnais, près Chicago. Depuis plus de trente ans, cette fondation constitue une nouvelle province, reconnue et parfaitement organisée, possédant elle-même tous ses organes essentiels : juvénat, noviciat, scolasticat, avec un splendide collège et autres œuvres qui font honneur à sa sœur aînée. D'autres de ses religieux desservent des paroisses, donnent des missions, acceptent des aumôneries, et fournissent ainsi une aide bienfaisante et très appréciée du clergé séculier de la vaste République.

Les sacrifices que s'était imposés pour les États-Unis la province du Canada n'avaient pas nui à celle-ci. Depuis 1882, elle a continué sa marche progressive. Ses écoles se sont multipliées, ses collèges agrandis; et tandis que la ville de Joliette, simple petit centre industriel, il y a quatre-vingts ans, devenait, en 1904, siège épiscopal, son collège était adopté comme Séminaire diocésain. Un établissement de sourds-muets, constitué aujourd'hui par de vastes et splendides constructions, reçoit dans ses murs des élèves de toute la région de Québec. Enfin l'esprit apostolique des religieux canadiens les a portés jusque dans les immenses plaines du Nord-Ouest où, reprenant les idées chères aux PP. Querbes et Champagneur, ils ont fondé au Manitoba, dans le diocèse de Saint-Boniface, l'orphelinat Saint-Joseph d'Otterbourne, d'où l'influence des religieux rayonne déjà dans tous les environs. Cet établissement est aussi un centre de *l'Œuvre des Agonisants* et du *Culte perpétuel de saint Joseph*.

Telle est, rapidement esquissée, l'œuvre posthume de l'humble curé de Vourles devenu le fondateur des Clercs de Saint-Viateur et remplacé à leur tête, successivement, par les PP. Favre, Gonnet, Lajoie, Robert et Roberge. Ainsi se réalisait et continue à se réaliser la parole prophétique tombée des lèvres du Pape Grégoire XVI disant aux fils du P. Querbes : « Croissez et multipliez-vous. *Crescite et multiplicamini.* »

Tant de bien accompli n'est-ce pas une des meilleures preuves de la sainteté de l'ouvrier à qui est due l'éclosion de cette œuvre?

Nous avons parlé ailleurs de ses vertus.

Certains, d'autre part, attribuent à son intercession des faveurs spéciales que l'Église seule peut qualifier.

Ainsi donc ne peut-on pas espérer qu'un jour, l'Église propose à notre vénération et mette sur les autels celui qui, avec tant d'abnégation et de dévouement, se dépensa ici-bas pour l'extension de la gloire de Dieu, le salut et la sanctification de la jeunesse et de l'enfance?

C'est le vœu, l'espérance de ses fils!

TABLE DES MATIÈRES

1938-566. — Imprimerie « Maison de la Bonne Presse »
(Ste Anne) 5, rue Bayard, Paris, 8e.

www.ingramcontent.com/pod-product-compliance
Ingram Content Group UK Ltd.
Pitfield, Milton Keynes, MK11 3LW, UK
UKHW020237180726
13839UKWH00001B/30